IL NOSTRO
VANTAGGIO
INGIUSTO

**LIBERA LA POTENZA
DELLO SPIRITO SANTO NELLA TUA AZIENDA**

ELOGI PER IL NOSTRO *VANTAGGIO* INGIUSTO

"Puoi aspettarti un cambiamento trasformativo nella tua vita lavorativa applicando gli insegnamenti del Dr. Jim su come collaborare con lo Spirito Santo come un Vantaggio Ingiusto."

—L. Heyne
California, Stati Uniti d'America

"Stai spianando la strada a tanti di noi, permettendoci di entrare nella potenza dello Spirito Santo che dimora in noi e vivere pienamente la nostra missione imprenditoriale."

—S. Hearty
Emerald Isle, Irlanda

"Non ho mai letto un libro così utile e pratico sullo Spirito Santo. Sento già gli effetti di questo libro nella mia vita. Lo consiglierò sicuramente ovunque. Grazie per aver scritto questo messaggio così necessario. Grazie!"

—A. Heal
Australia

"Le tue intuizioni mi hanno aiutato ad accelerare i risultati della mia azienda e ad avere un impatto più significativo sulle persone che servo, dandomi soddisfazione sia a livello personale che professionale. Apprezzo il modo in cui riesci a rendere le cose semplici ma profonde."

—M. Tsolo
Africa

"Come avvocato, applico ogni mattina i principi del tuo libro *Il Nostro Vantaggio Ingiusto* prima di andare al lavoro. Di recente, ho messo in pratica i tuoi insegnamenti in un caso giudiziario e ho visto segni e miracoli accadere nella sala conferenze tra l'aula del tribunale e l'ufficio del pubblico ministero. Ora sto consigliando il tuo libro a tutte le persone che incontro nel mio lavoro."

—S. Williams
Arizona, Stati Uniti d'America

"Questo libro è un vero tesoro. È ben scritto, basato solidamente sulla Bibbia e facile da leggere. Gli esercizi e le domande per la discussione di gruppo sono estremamente utili."

—C. Lutz
Zurigo, Svizzera

"*Il Nostro Vantaggio Ingiusto* offre un rinnovamento innovativo di una verità inarrestabile: lasciarsi guidare dallo Spirito."

—S. Satterfield
Georgia, Stati Uniti d'America

"In questo straordinario libro, il Dott. Jim ci insegna che Dio offre ai cristiani impegnati nel mondo del lavoro molto più di un semplice manuale di principi aziendali senza tempo. Grazie ai suoi insegnamenti, ho imparato ad affidare maggiormente la mia azienda allo Spirito Santo, *Il Nostro Vantaggio Ingiusto*, nel mercato."

—D. Shearer
Carolina del Nord, Stati Uniti d'America

IL NOSTRO
VANTAGGIO
INGIUSTO

**LIBERA LA POTENZA
DELLO SPIRITO SANTO NELLA TUA AZIENDA**

DOTT. JIM HARRIS

Il Nostro Vantaggio Ingiusto:
Libera la Potenza dello Spirito Santo nella Tua Azienda
di Dott. Jim Harris

Stampato negli Stati Uniti d'America

ISBN: 978-1-962802-34-5

© 2015 e 2025 di Dott. Jim Harris

Questo libro è stato ispirato dallo Spirito Santo come strumento per aiutare gli imprenditori a imparare ad ascoltare la voce di Dio. È un seme da condividere con il mondo. Per questo motivo, ti diamo la piena libertà di condividere estratti e insegnamenti tratti da questo libro in qualsiasi modo desideri. Perché se questi insegnamenti sono sparsi su un buon terreno, Gesù raccoglierà un grande raccolto per il Suo Regno in tutto il mondo.

I titoli di High Bridge Books possono essere acquistati in grandi quantità per usi educativi, aziendali, di raccolta fondi o promozionali. Per ulteriori informazioni, si prega di contattare High Bridge Books tramite www.HighBridgeBooks.com/contact.

Tutte le definizioni sono tratte da Merriam-Webster, Incorporated Copyright © 2015 digital app.

Salvo diversa indicazione, le citazioni delle Scritture sono tratte dalla *The New King James Bible,* attraverso The Bible Study App for Mac Versione 5.4.3 (5.4.3.1) Copyright © 1998-2013 Olive Tree Bible Software.

Le citazioni delle Scritture contrassegnate con ESV sono tratte dalla ESV® Bible (The Holy Bible, English Standard Version®), © 2001 da Crossway, un ministero editoriale di Good News Publishers. Utilizzato con autorizzazione. Tutti i diritti riservati.

Copertina realizzata da High Bridge Books

Pubblicato a Houston, Texas, da High Bridge Books

CONTENUTI

Introduzione _____ 1

1. Cosa ti guida? _____ 3
2. Il Grande Cambiamento _____ 17
3. Gli Ostacoli _____ 31
4. Come Prepararsi _____ 45
5. Libera Il Tuo Vantaggio Ingiusto _____ 73
6. Continua Così _____ 131

La Risposta A 1001 Domande _____ 147
Versetti Chiave _____ 149
Un Invito _____ 155

Ringraziamenti

PRIMA DI TUTTO, RINGRAZIO DIO, IL MIO SALVATORE Gesù, e lo Spirito Santo per avermi guidato nella scrittura di questo libro. Il mio unico desiderio è trascrivere fedelmente le Tue parole ed essere la Tua penna. Possa questo libro essere a Te gradito.

Alla mia amata moglie e compagna eterna, Brenda, che è cresciuta fino a diventare una guerriera spirituale inarrestabile. Senza di te e il tuo infinito sostegno, non potrei adempiere alla chiamata del Signore. Ti terrò orgogliosamente per mano fino al cielo!

Un ringraziamento speciale al mio caro amico e fratello spirituale, Kyle Winkler, che con il suo spirito calmo, la sua profonda conoscenza e la sua costante testimonianza mi ha guidato, istruito e incoraggiato per molti anni.

Un sentito ringraziamento ai Pastori Arnie McCall, Buford Lipscomb e Rick e Jennifer Curry per il loro accompagnamento spirituale e la loro guida attraverso dure prove, una crescita spirituale accelerata e straordinarie esperienze con lo Spirito Santo.

Grazie anche ai miei mentori spirituali e cari fratelli in Cristo: Ben Watts, Tony Chavez e Steve Jones.

Grazie di cuore a Darren Shearer di High Bridge Books per il suo fenomenale lavoro di editing, pubblicazione e marketing. Sei davvero il migliore!

Infine, un ringraziamento molto speciale al Pastore Keith Moore della Faith Life Church di Branson, Missouri, e di Sarasota, Florida. In soli due anni, la tua serie di sermoni e il ministero Word Life Supply hanno fatto crescere la mia fede in modo esponenziale, al di là di tutto ciò che ho imparato nei miei precedenti 60 anni di chiesa.

Gran parte di questo libro mi è stata rivelata grazie all'applicazione dei tuoi insegnamenti. Ti sono eternamente grato, a te e al tuo ministero.

*A coloro che desiderano profondamente
glorificare Dio nelle loro aziende.*

Introduzione

Se lavori in un'azienda a scopo di lucro la cui dirigenza desidera glorificare Dio nella propria attività, questo libro è per te!

Il pubblico a cui mi rivolgo in questo libro è quello che io chiamo 2%ers. Un 2%er è un credente guidato dallo Spirito Santo nel mondo degli affari, un uomo o una donna che desidera veramente lasciarsi condurre dallo Spirito di Dio in tutto ciò che fa nella propria attività.

In qualità di 2%er, hai a disposizione un vantaggio competitivo ingiusto straordinario e illimitato nel tuo mercato che, fino ad oggi, hai sfruttato solo in parte.

Lo scopo di questo libro è quello di aiutarti a scoprire e a liberare il tuo vantaggio competitivo ingiusto nel mondo degli affari, per la gloria di Dio!

Il musicista Keith Green una volta disse:

> Se qualcuno scrive una grande storia, la gente elogia l'autore, non la penna. Nessuno dice: "Oh, che penna incredibile... dove posso trovarne una uguale per scrivere grandi storie?" Bene. Io sono solo una penna nelle mani del Signore. È Lui l'Autore. A Lui va tutta la lode.

Proprio come Keith, io sono solo una penna.

Qualunque sia l'impatto che questo libro avrà sulla tua vita, dà tutta la gloria al Signore!

—Dott. Jim

1

Cosa ti guida?

E se vi sembra sbagliato servire l'Eterno, scegliete oggi chi volete servire: o gli dèi che i vostri padri servirono di là dal Fiume, o gli dèi degli Amorei, nel paese dei quali abitate; quanto a me e alla casa mia, serviremo l'Eterno.

—Giosuè 24,15

Ognuno di noi è guidato da qualcosa. Che tu ne sia consapevole o meno, in questo preciso momento qualcosa ti sta guidando.

Qualcosa è al timone della tua nave, guida la tua direzione, stabilisce la tua rotta e, in definitiva, ha un impatto sulla tua vita.

Da bambino probabilmente erano i tuoi genitori o chi si prendeva cura di te a nutrirti, a darti un riparo e vestiti, e a insegnarti cosa fosse accettabile e cosa ci si aspettasse da te. Ti proteggevano, ti educavano e, talvolta, ti viziavano. Erano loro a guidarti nei tuoi primi anni di vita.

Quando hai iniziato a frequentare la scuola, hai presto scoperto che altre persone avevano un ruolo nella tua crescita. Ti sei trovato costretto a imparare nuove verità, spesso scomode, su come vivere con gli altri al di fuori della tua famiglia e del tuo quartiere.

Questa influenza esterna ha continuato a crescere con l'ingresso alle scuole superiori e, forse, all'università. Ti sei trovato circondato da molteplici voci, ognuna con messaggi diversi, che esercitavano vari livelli di pressione per influenzare il tuo comportamento.

E, prima ancora di rendertene conto, sei stato catapultato nel cosiddetto "mondo reale", dove decine di voci hanno cercato, e cercano tuttora, di guidarti... capi, fidanzati, coniugi, clienti, esperti di marketing e molti altri.

Il punto è questo: tu ed io siamo sempre guidati da qualcosa. E qualsiasi cosa tu decida di fare ha un impatto profondo, se non permanente, sulla tua vita... compresa quella professionale.

Se stai leggendo questo libro, è probabile che tu sia un leader nella tua azienda. Che tu sia al vertice, a metà strada o agli inizi, hai un'influenza sugli altri. Pertanto, hai un impatto e un potenziale di leadership.

COSA FA UN LEADER

Quando uscì la prima edizione di questo libro (17.6.2015), su Amazon.com erano disponibili:

- 4.303.934 risultati per "libri di gestione aziendale"
- 178.180 risultati per "libri sulla leadership"
- 25.511 risultati per "leadership aziendale"
- 744 nuove uscite negli "Ultimi 90 giorni" e 180 in "Prossimamente"

Posso garantirti che la maggior parte di questi libri, il 98% o più, offre qualche elenco di cinque, sette, dieci o persino ventuno qualità, abilità o competenze fondamentali su come un leader dovrebbe guidare gli altri. Condividono i loro segreti e le migliori pratiche che puoi utilizzare per diventare un leader proprio come loro.

Negli ultimi 30 anni ho letto migliaia di libri e articoli sulla leadership. Quando scorro la mia biblioteca alla ricerca dei migliori, riflettendo sui loro contenuti e punti chiave, mi accorgo che molti si assomigliano incredibilmente. La maggior parte di essi contiene esattamente le stesse idee e gli stessi concetti, solo enunciati in modi leggermente diversi.

E vogliamo parlare di quanti blog, tweet e post quotidiani ci dicono cosa fa un grande leader? Beh, credo di averlo appena fatto.

Siamo letteralmente sommersi da ciò che gli altri dicono, pensano o proclamano sia il modo giusto per essere il leader di cui tutti hanno bisogno oggi.

Questi libri, spesso interessanti e talvolta illuminanti, si concentrano su una domanda cruciale: Cosa fa un leader?

Ed è proprio questa la domanda sbagliata. Quello che fa un leader (il suo comportamento, il suo stile comunicativo, la sua capacità decisionale, ecc.) non è l'elemento più importante da comprendere. C'è una domanda molto più profonda e necessaria che nessuno si pone.

LA DOMANDA GIUSTA

Quando analizzo tutti gli scritti e gli insegnamenti sulla leadership disponibili, non riesco a trovarne nessuno che affronti direttamente la domanda giusta.

La risposta alla domanda giusta determina inevitabilmente il destino non solo del leader, ma anche di tutte le persone che lui o lei guida.

La domanda giusta è: Cosa guida il leader?

Andiamo sul personale. Ti sei mai chiesto…

- Cosa ti rende il leader che sei?
- Su cosa fai davvero affidamento nella tua leadership?
- Cosa ti guida veramente come imprenditore o professionista?

Quello che ti guida, alla fine, si riflette nel tuo modo di esercitare la leadership e nel ruolo che ricopri nella tua azienda.

Ciò che ti guida è alla base della tua capacità di lavorare, avere successo e lasciare un'eredità.

A costo di sembrare sensazionalista o di lanciare un allarme eccessivo, devi fermarti a riflettere e decidere: Alla fine, cosa mi guida davvero? Solo allora potrai fare una scelta consapevole: continuare sulla strada che stai percorrendo o intraprendere un nuovo cammino, più profondo ed entusiasmante, per la tua leadership.

Prima di invitarti a compiere un passo radicale che potrebbe trasformare la tua vita e la tua leadership, vediamo alcuni dei modi più comuni in cui i leader vengono guidati.

1.1. Nove Modi Comuni In Cui I Dirigenti D'Azienda Sono Guidati

Potrei elencare più di 100 modi in cui i dirigenti d'azienda sono guidati, ma la maggior parte rientra in una delle seguenti categorie.

Quella che segue è la mia lista "Cosa Ti Guida", che comprende i tipi di leadership più diffusi che ho osservato in oltre 30 anni di esperienza nel mondo degli affari..

Nota: Durante la stesura di questo libro, ho chiesto ai lettori del mio blog di condividere espressioni che hanno sentito dire ai leader e che riflettono ogni categoria. Ho incluso solo alcuni dei commenti. Ogni persona che ha contribuito riceverà una copia gratuita del libro. Vedi... è utile iscriversi alla mia newsletter e collaborare con me su www.DrJimHarris.com.

1: Leader Guidati dalla Razionalità

I leader guidati dalla razionalità usano il cervello per analizzare ogni cosa. Cercano costantemente più conoscenze, informazioni, rapporti e analisi. Si affidano alla logica e ai numeri per prendere decisioni finali. I leader guidati dalla razionalità spesso, però, finiscono per dipendere eccessivamente dalla loro capacità di analisi e di pensiero critico, facendone lo stile predominante della loro leadership.

I dirigenti d'azienda guidati dalla razionalità dicono cose come…

- "Ottima idea! Facciamolo."
- "Dobbiamo eseguire un altro rapporto."
- "I numeri non mentono. Cosa ci dicono?"
- "Perché non ci ho pensato prima?"
- "Mi piace il tuo modo di ragionare."
- "Mostrami i numeri. Le decisioni si prendono sui dati, non sulle ipotesi." (Curt Fowler, lettore del blog)

2: Leader Guidati dal Denaro

I leader guidati dal denaro concentrano tutta la loro attenzione sui guadagni o sulle perdite. I mercati finanziari globali sono totalmente guidati dal denaro. Generare profitto è ovviamente essenziale in un'azienda a scopo di lucro. Tuttavia, i leader guidati dal denaro permettono che il flusso di cassa, il profitto e i margini siano *i* fattori predominanti in quasi tutte le decisioni aziendali.

I dirigenti d'azienda guidati dal denaro dicono cose come…

- "Faremo un sacco di soldi con questa operazione."
- "Adoro questi margini di profitto."
- "Come possiamo tagliare altri costi?"
- "Non mi interessa la qualità degli utili. I numeri sono numeri, e io voglio che i miei siano alti."
(Sidney Bostian, lettore del blog)

3: Leader Guidati dall'Innovazione

I leader guidati dall'innovazione sono costantemente alla ricerca dell'ultima novità tecnologica, digitale o creativa per far crescere l'azienda. Si entusiasmano, quasi fino all'euforia, per il nuovo aggiornamento, l'ultima app, il software più avanzato, la strategia di marketing del momento o l'idea più innovativa. Sebbene il miglioramento continuo sia fondamentale per un'azienda sostenibile, i leader guidati dall'innovazione spesso spingono per qualsiasi cosa che sia "nuova".

I dirigenti d'azienda guidati dall'innovazione dicono cose come...

- "Cosa farebbe Elon Musk?"
- "Dobbiamo aggiornarci subito, o perderemo quote di mercato, clienti fedeli e...!"
- "Innovare o morire!"
- "A volte dobbiamo guidare i clienti verso ciò di cui hanno bisogno, anche se ancora non lo sanno."
- "Sarà incredibile!"
- "Cosa c'è di nuovo ed emozionante in questo?"
  (Jason Pyne, lettore del blog)

4: Leader Guidati dalle Opportunità

I leader guidati dalle opportunità si lanciano con entusiasmo verso qualsiasi porta aperta che si trova davanti a loro. Sono sempre alla ricerca della prossima grande opportunità, di un'alleanza strategica o di un affare inaspettato che potrebbe portare la loro azienda a un livello superiore.

I dirigenti d'azienda guidati dalle opportunità dicono cose come...

- "Dobbiamo cogliere questa occasione finché siamo in tempo."
- "Non possiamo assolutamente lasciarci sfuggire questa opportunità."
- "Wow! Che occasione! Andiamo!"
- "Certo, questa opportunità è un po' fuori dalla nostra visione aziendale, ma penso che valga la pena provarci." (Curt Fowler, lettore del blog)
- "Più cose proviamo, più possibilità abbiamo che qualcosa funzioni." (Sharon Kendrew, lettrice del blog)
- "So che se mi ci butto a capofitto... succederà!" (Jesus Estrada, lettore del blog)

5: Leader Guidati dal Prezzo

I leader guidati dal prezzo sono cugini stretti dei n. 2, i leader guidati dal denaro, con una piccola differenza. Invece di concentrarsi principalmente su quanto possono guadagnare, cercano sempre il modo di spendere il meno possibile, puntando al prezzo più basso in ogni situazione.

I dirigenti d'azienda guidati dal prezzo dicono cose come…

- "Dovresti davvero fare un prezzo migliore su questo."
- "Questa è l'opzione migliore perché è la più economica." (Darren Shearer, lettore del blog)
- "Ehi, una vendita è sempre una vendita." (Aric Johnson, lettore del blog)

- "Tutto è negoziabile." (Howard Drake, lettore del blog)
- "Lo vogliamo economico e di qualità!" (Angeline Teoh, lettrice del blog)

6: Leader Guidati dagli Esperti

I leader guidati dagli esperti si lasciano facilmente guidare dall'ultima moda in fatto di gestione aziendale e leadership. Sono sempre alla ricerca della nuova grande idea da applicare, che provenga da un relatore, un autore o un consulente. I leader guidati dagli esperti spesso implementano rapidamente il "nuovo" concetto di business senza prendersi il tempo di valutare come, o addirittura se, dovrebbe essere utilizzato nella loro azienda.

Devo ammettere che questa categoria mi tocca da vicino, visto che parlo, scrivo e faccio coaching con professionisti d'affari in tutto il mondo. Tuttavia, NON voglio che i miei partner aziendali siano "guidati dagli esperti", nemmeno da me!

I dirigenti d'azienda guidati dagli esperti dicono cose come...

- "Ho letto su una rivista economica che dovremmo fare così..."
- "Ecco un'idea fantastica che ho sentito alla conferenza... Facciamola!"
- "I nostri concorrenti stanno leggendo questo nuovo libro. Ecco la tua copia, dobbiamo stare al passo con loro."
- "L'intero settore si sta muovendo in questa direzione."

- "Troviamo il miglior esperto del settore e portiamolo qui."
- "Secondo [inserire il nome di un esperto di business], non dovremmo farlo anche noi?" (Jason Pyne, lettore del blog)

7: Leader Guidati dalla Pressione

I leader guidati dalla pressione affermano di lavorare meglio in situazioni di emergenza o di crisi. Anche se il lavoro sta andando bene, vogliono creare condizioni di crisi non necessarie per mettere tutti sotto pressione affinché facciano di più e lavorino di più. I leader guidati dalla pressione esercitano involontariamente pressioni inutili e irrilevanti sugli altri.

I dirigenti d'azienda guidati dalla pressione dicono cose come...

- "Dobbiamo farlo SUBITO! Niente scuse!"
- "Il tempo è denaro, non possiamo sprecarne altro."
- "Fallire non è un'opzione."
- "Non mi interessa come, ma dobbiamo portarlo a termine ora!" (Jason Pyne, lettore del blog)
- "Spingete al massimo!" (Robins Duncan, lettore del blog)
- "Dobbiamo lavorare sodo e portarlo a termine. Potremo dormire quando l'avremo finito." (Aric Johnson, lettore del blog)

8: Leader Guidati dalle Emozioni

I leader guidati dalle emozioni valutano costantemente i loro sentimenti e le loro emozioni prima di fare una mossa. I leader guidati dalle emozioni si lasciano profondamente influenzare dai sentimenti di paura, ansia, entusiasmo, conforto o sicurezza nel contesto lavorativo. I leader guidati dalle emozioni non sono leader deboli, ma a volte permettono che le loro emozioni prevalgano sulla loro esperienza e saggezza professionale, condizionando le loro scelte.

I dirigenti d'azienda guidati dalle emozioni spesso dicono cose come…

- "Ho paura di questa situazione."
- "Non mi sento coinvolto in questo progetto."
- "Questa cosa farà male."
- "Wow, non sono mai stato così entusiasta di qualcosa."
- "Questo mi rende davvero felice!"
- "Meglio prevenire che curare!" (Robins Duncan, lettore del blog)

9: Leader Guidati dall'Orgoglio

I leader guidati dall'orgoglio vedono sé stessi e le loro aziende come speciali, diversi e unici. Prendono molto seriamente ogni aspetto del loro lavoro e delle loro decisioni. I leader guidati dall'orgoglio sono spesso molto arroganti e moralisti, e si rifiutano di fare marcia indietro di fronte a chiunque o a qualsiasi gruppo, anche quando è evidente che stanno sbagliando.

I dirigenti d'azienda guidati dall'orgoglio dicono cose come…

- "Non dobbiamo farlo. Noi siamo diversi."
- "Loro possono provarci. Noi non ne abbiamo bisogno."
- "Sappiamo perfettamente cosa succede sul campo. Voi restate qui in ufficio e continuate a lavorare."

- "Fallo come diciamo noi."
- "O si fa a modo mio o niente." (Howard Drake, lettore del blog)

Un Momento di Onestà

Mentre leggevi queste descrizioni, probabilmente hai riconosciuto qualcuno che rientra in una o più di queste categorie. La domanda più importante è: "In quale di queste ti riconosci tu?"

Ecco il tuo primo esercizio. Metti un segno di spunta nelle caselle che potrebbero descrivere ciò che ti guida.

- ☐ Guidato dalla razionalità
- ☐ Guidato dal denaro
- ☐ Guidato dall'innovazione
- ☐ Guidato dalle opportunità
- ☐ Guidato dal prezzo
- ☐ Guidato dagli esperti
- ☐ Guidato dalla pressione
- ☐ Guidato dalle emozioni
- ☐ Guidato dall'orgoglio

1.2. La Realtà Sconcertante

Prima o poi, uno o più elementi dell'elenco "Cosa Ti Guida" ci ha guidati. A dire il vero, la maggior parte di noi è guidata da una combinazione di diversi di questi fattori, il più delle volte.

Ora, fermati un attimo e rifletti su questo.

Ognuna delle nove categorie di "Cosa Ti Guida" descrive esattamente il modo in cui il 95%, se non di più, delle aziende a scopo di lucro nel mondo viene gestito!

Non passare oltre troppo in fretta. Prenditi un altro momento per riflettere su questa affermazione.

Queste nove categorie sono semplici esempi di come viene guidata la maggior parte delle aziende a livello globale, anche quelle i cui leader affermano di essere cristiani!

In una sola parola, i leader aziendali di oggi sono guidati dal "Cosa". Per loro, tutto ruota intorno all'idea, al denaro, all'opportunità, all'innovazione, al prezzo, ai consigli degli esperti, ecc. È su queste basi che gli imprenditori prendono decisioni, costruiscono le loro aziende e, alla fine, raggiungono i loro obiettivi.

Purtroppo, la maggior parte di noi, in quanto 2%ers (credenti guidati dallo Spirito Santo nel mondo degli affari) non è diversa!

Molto probabilmente, ci lasciamo guidare esattamente dalle stesse cose dei nostri concorrenti laici e non credenti. Perché?

I metodi del mondo degli affari sono così diffusi, pervasivi e sostanziali che è quasi impossibile non esserne guidati.

Abbiamo lo stesso accesso alle strategie aziendali, ai libri, alle analisi e alle informazioni di mercato controllate dal sistema del mondo, proprio come i nostri concorrenti. Di conseguenza, siamo altrettanto vulnerabili alle tentazione di guidare le nostre aziende esattamente nello stesso modo.

E ora arriviamo alla realtà davvero sconcertante.

Se sei guidato dai principi del mondo degli affari, non hai alcun vantaggio competitivo sui tuoi concorrenti!

Se ti affidi solo ai nove modi che ho elencato sopra, stai trascurando l'unica cosa che può sbloccare il tuo vantaggio ingiusto negli affari.

Sento già la tua domanda: "Quindi, dottor Jim... mi stai dicendo che non dovrei usare la testa, considerare le opportunità o pensare agli aspetti finanziari della mia azienda? È davvero questo il punto?"

No, no, no, no! Ancora... no!

Dio ti ha dato un cervello e una mente sana. Ti ha dato la capacità di ragionare, pensare, pianificare e crescere. Ti ha dato emozioni per sviluppare la sensibilità verso gli altri. Si aspetta che tu le usi.

Quello che ti sto sfidando coraggiosamente a fare è un grande cambiamento, che ti permetterà di sbloccare completamente il tuo vantaggio competitivo ingiusto negli affari.

Perché questo cambiamento è "ingiusto"? Perché ti dà un vantaggio competitivo unico e distintivo?

Perché si basa su una sola cosa: passare dall'essere guidato dal Cosa...

> Non amate il mondo né le cose che sono nel mondo.
> Se uno ama il mondo, l'amore del Padre non è in lui.
> Perché tutto ciò che è nel mondo, la concupiscenza della carne, la concupiscenza degli occhi e la superbia della vita, non viene dal Padre, ma dal mondo.
> (1 Giovanni 2,15-16)

...all'essere guidato dal Chi!

> Infatti, tutti quelli che sono guidati dallo Spirito di Dio sono figli di Dio. (Romani 8,14)

Guida allo Studio - Capitolo 1

Quali sono i 3 principali modi in cui sei più spesso guidato nella tua azienda?

1.

2.

3.

Hai mai pensato che essere guidato dallo Spirito Santo negli affari possa essere un "vantaggio competitivo ingiusto"? Perché questo sarebbe un grande vantaggio per te e per la tua azienda?

Prega per la tua lista e chiedi a Dio di aiutarti a riconoscere quando inizi a essere guidato da qualcosa che non sia il Suo Spirito Santo.

2

Il Grande Cambiamento

E io pregherò il Padre, ed Egli vi darà un altro Consolatore perché sia con voi per sempre: lo Spirito della verità, che il mondo non può ricevere, perché non lo vede e non lo conosce. Voi lo conoscete, perché dimora con voi, e sarà in voi.

—Giovanni 14,16-17

Per diventare un 2%ER (un credente guidato dallo Spirito Santo nel mondo degli affari), tu hai bisogno di un cambiamento radicale!

Si tratta di un grande cambiamento, un cambiamento ENORME, passare dall'essere guidati dal *Cosa* del mondo degli affari all'essere guidati dallo Spirito di Dio.

Lo so bene. Anch'io ho dovuto fare questo grande cambiamento. È stata una trasformazione monumentale per me passare dall'essere guidato dalla razionalità, dal denaro, dall'innovazione, dalle opportunità, dal prezzo, dalla pressione, dalle emozioni e dall'orgoglio a essere completamente e unicamente guidato dallo Spirito Santo.

È un cambiamento che il mondo, e quindi i leader non credenti, non può comprendere. Non perché ne siano incapaci, ma perché non credono in Gesù. Non possono ricevere il potenziale vantaggio competitivo ingiusto, perché lo Spirito di Dio non vive in loro.

Mentre iniziate il grande cambiamento, è importante rivedere i due modi fondamentali in cui Dio vi guida.

> Sta scritto: 'Non di pane soltanto vivrà l'uomo, ma di ogni parola che proviene dalla bocca di Dio.' (Matteo 4,4)

> Chi presta attenzione alla parola se ne troverà bene, e beato colui che confida nel Signore. (Proverbi 16,20)

Il primo modo in cui Dio ti guida è attraverso la Sua Parola. La Sua Parola perfetta e infallibile insegna, ispira, convince, incoraggia, corregge e fa molto di più.

Tutto inizia con la Parola di Dio.

> Tutti quelli, infatti, che sono guidati dallo Spirito di Dio, costoro sono figli di Dio. (...) Lo Spirito stesso attesta insieme al nostro spirito che siamo figli di Dio. (Romani 8,14.16, enfasi aggiunta)

Il secondo modo fondamentale in cui Dio ti guida è attraverso il Suo Spirito Santo. Questo passaggio merita uno studio considerevole e approfondito che va ben oltre la durata e l'intento di questo libro.

Tuttavia, voglio soffermarmi su una frase chiave di Romani 8,16: "Lo Spirito stesso *attesta insieme* al nostro spirito..." Torneremo spesso su questa frase nel resto del libro. Ecco perché è così fondamentale per *il grande cambiamento*.

Quando hai accettato Gesù e sei nato di nuovo, il tuo spirito, che era morto fin dalla nascita, è rinato. Ora, sia il tuo spirito rinato che lo Spirito Santo di Dio vivono dentro di te. Il tuo spirito, quindi, rende testimonianza insieme allo Spirito Santo dentro di te.

La frase "attesta insieme" indica che abbiamo dentro di noi un testimone interiore, la presenza stessa di Dio, che possiamo invocare, cercare, consultare, domandare e da cui possiamo essere guidati in qualsiasi momento, ovunque ci troviamo.

Possiamo essere d'accordo su un fatto di fondamentale importanza? Quando ricevi lo Spirito Santo, Egli è molto più di un semplice "biglietto per evitare l'inferno". Purtroppo, milioni di credenti, compresi molti uomini e donne d'affari, vivono come se l'unico scopo di Dio fosse semplicemente salvarli dall'inferno.

Anche se esistono centinaia di liste, articoli e studi biblici, disponibili nelle chiese, nelle librerie e su Internet, che esplorano i molti modi in cui lo Spirito Santo insegna, guida, parla, protegge e opera attraverso di noi, pochissimi credenti ricevono un insegnamento che vada oltre l'idea dello Spirito come semplice biglietto di sola andata per il cielo.

Ancora meno persone vengono istruite, formate o incoraggiate a essere più guidate dallo Spirito nella loro attività e vita professionale.

Eppure, lo Spirito Santo è pronto, disponibile e perfettamente in grado di essere il tuo testimone interiore in ogni aspetto della tua vita professionale.

2.1. È POSSIBILE?

> *Il guardiano gli apre e le pecore ascoltano la sua voce: egli chiama le sue pecore una per una e le conduce fuori. 4 E quando ha condotto fuori tutte le sue pecore, cammina innanzi a loro, e le pecore lo seguono, perché conoscono la sua voce.*
>
> —Giovanni 10,3-4

Economia globale. Clienti sempre più esigenti. Pressione costante per produrre di più, guadagnare di più e ridurre i costi.

È possibile essere guidati dallo Spirito Santo nel mondo degli affari globale di oggi?

La risposta è un sonoro SÌ!

IL NOSTRO VANTAGGIO INGIUSTO

È possibile, a portata di mano.

La Bibbia è piena di esempi di uomini e donne che sono stati guidati dallo Spirito di Dio. Lo Spirito Santo ha parlato e guidato...

- Abramo, chiamandolo a partire verso una nuova terra;
- Mosè, attraverso un roveto ardente, per condurlo a liberare il popolo dall'Egitto;
- Giosuè, nella conquista della Terra Promessa;
- Neemia, nella ricostruzione delle mura di Gerusalemme in tempi record;
- Ester, affinché si presentasse con coraggio davanti al re, rischiando la vita;
- Rut, a rimanere fedele al Dio di Naomi, lasciando la sua famiglia;
- Davide, a sconfiggere Golia e diventare un grande Re d'Israele;
- Salomone, a governare Israele con saggezza;
- Elia, a trionfare sui falsi profeti di Baal;
- Eliseo, a chiedere con audacia una doppia porzione dello spirito di Elia;
- Giona, a predicare la Parola di Dio in una terra ostile;
- Giuseppe e Maria, a sposarsi e accogliere il Figlio di Dio, concepito prima del matrimonio;
- Simeone e Anna, a trovarsi nel tempio esattamente quando Giuseppe presentò Gesù;
- Luca, a scrivere il Vangelo che porta il suo nome;

- Pietro, a predicare il primo sermone del Nuovo Testamento, portando alla salvezza oltre 3.000 persone;

- Anania, a incontrare Saulo, il persecutore dei santi a Gerusalemme;

- Paolo, in quasi ogni aspetto della sua missione;

- Giovanni, a scrivere l'Apocalisse;

- ... e molti altri ancora!

Questi sono solo alcuni dei centinaia di esempi biblici di uomini e donne guidati dallo Spirito di Dio.

Anche il Figlio di Dio disse:

> In verità, in verità vi dico, il Figlio da sé non può fare nulla se non ciò che vede fare dal Padre; perché le cose che Egli fa, anche il Figlio le fa ugualmente. (Giovanni 5,19)

Sinceramente, in quanto 2%er, tu non sei diverso. Lo stesso Spirito che era in Gesù vive dentro di te.

È possibile essere guidati dallo Spirito Santo negli affari oggi?

Oh, sì. Basta solo un granello di senape di fede (Matteo 17,20) per fare il grande passo!

2.2. Perché Passare Dal Cosa Al Chi?

Ecco sei validi motivi per cui vale la pena fare questo grande cambiamento.

1: Lo Spirito Santo Conosce la Mente di Dio.

> Ma come sta scritto: "Le cose che occhio non ha visto, che orecchio non ha udito e che non sono salite in cuor d'uomo,

sono quelle che Dio ha preparato per coloro che lo amano." Ma Dio le ha rivelate a noi mediante il suo Spirito, perché lo Spirito investiga ogni cosa, anche le profondità di Dio. Chi tra gli uomini, infatti, conosce le cose dell'uomo se non lo spirito dell'uomo che è in lui? Così pure nessuno conosce le cose di Dio se non lo Spirito di Dio.

—1 Corinzi 2,9-11

Molti di noi pensano che sia meraviglioso partecipare a una conferenza per ascoltare un amministratore delegato di fama mondiale o degli esperti di business. Può essere una grande esperienza sedersi sotto gli insegnamenti di un leader di successo e attingere alla sua saggezza ed esperienza. Non c'è nulla di intrinsecamente sbagliato nell'ascoltare gli esperti del settore. Ma attenzione: filtra sempre tutto ciò che ascolti attraverso la Parola di Dio e il testimone interiore dello Spirito Santo dentro di te (ne parleremo più avanti).

Invece di cercare un esperto umano che ti affianchi per trovare una soluzione a ogni situazione lavorativa, sfida, ostacolo, opportunità o decisione che devi affrontare, quanto sarebbe meglio cercare lo Spirito di Dio dentro di te?

Wow! Non c'è proprio paragone tra queste due opzioni.

Che possiamo sempre cercare prima di tutto la saggezza di Dio, perché Egli desidera che io gestisca la mia azienda secondo la Sua guida piuttosto che secondo le idee di qualsiasi persona, sempre!

2: Lo Spirito Santo Ci Dona Liberamente la Saggezza di Dio per la Nostra Azienda.

Ora noi non abbiamo ricevuto lo spirito del mondo, ma lo Spirito che viene da Dio, affinché conosciamo le cose che Dio ci ha donate gratuitamente.

—1 Corinzi 2,12

Dio ha già rivelato allo Spirito Santo tutta la sua saggezza e tutti i Suoi piani per te e per la tua azienda, anche quelle cose che la tua mente umana non potrebbe mai comprendere. Lo Spirito Santo può rivelartele quando Egli lo ritiene opportuno e quando tu le chiedi.

Inoltre, il consiglio dello Spirito Santo è completamente gratuito! Il Suo consiglio vive già dentro di te e dà testimonianza al tuo spirito. Tutto ciò che devi fare è chiedere. (Ne parleremo più in dettaglio più avanti in questo libro).

3: Lo Spirito Santo Conosce Tutta la Verità.

> *Quando però sarà venuto Lui, lo Spirito della verità, Egli vi guiderà in tutta la verità; perché non parlerà di Suo, ma dirà tutto quello che avrà udito.*
>
> —Giovanni 16,13a

In quanto 2%er, dentro di te vive già il più grande consulente che questo universo abbia mai conosciuto. Puoi lasciarti guidare dalla Sua verità per la tua azienda, per i tuoi dipendenti e colleghi, per i tuoi venditori e fornitori, per i tuoi clienti e membri della comunità... per chiunque la tua azienda tocchi.

Lo Spirito Santo non mente mai, non inganna mai, non minimizza mai e non dimentica mai nulla di ciò che hai bisogno di sapere. Anzi, essere guidato dallo Spirito Santo nella verità ti renderà libero (Giovanni 8,32) di diventare tutto ciò che Dio desidera per la tua azienda.

4: Lo Spirito Santo Conosce il Futuro della Tua Azienda.

> *... e Lui vi annuncerà le cose a venire.*
>
> —Giovanni 16,13b

Che cosa ha appena detto Giovanni? Lo Spirito Santo mi annuncerà "le cose a venire"?

Immagina di avere un consulente a tua disposizione tutto il giorno, tutti i giorni, che sa già tutto ciò che stai per affrontare nella tua azienda oggi, domani e per sempre.

Wow!

Questo non significa che lo Spirito Santo ti manderà ogni mattina un messaggio o un'e-mail con tutto quello che devi sapere o fare. Ma significa che, nel Suo tempo perfetto, Egli ti guiderà un passo alla volta, lungo il cammino che devi percorrere per compiere il Suo proposito nella tua azienda.

A volte, le istruzioni di Dio attraverso lo Spirito Santo sembrano non avere alcun senso logico. Pensa a questi esempi:

- Sacrifica tuo figlio sul monte. (Genesi 22,9)
- Cammina intorno alla città per sette giorni, suonando le trombe, e poi le mura cadranno. (Giosuè 6,3-4)
- Immergiti sette volte in un fiume fangoso per essere guarito dalla lebbra. (2 Re 5,10)
- Strofina fango misto a saliva sui tuoi occhi per riacquistare la vista. (Marco 8,23)

In molti casi, quello che lo Spirito Santo ha detto di fare sembrava assurdo. Eppure, coloro che hanno avuto il coraggio di seguire lo Spirito hanno sempre trionfato, hanno sempre vinto e sono sempre stati benedetti.

5: Lo Spirito Santo Ti Guida nell'Abbondanza.

Benedetto sarà il frutto del tuo grembo, il frutto della tua terra, il frutto del tuo bestiame, l'accrescimento dei tuoi armenti e delle tue greggi. Benedetto sarà il tuo paniere e la tua madia. Benedetto sarai quando entri e benedetto sarai quando esci.

—Deuteronomio 28,4-6

L'Eterno, il tuo DIO, ti colmerà di beni, nel frutto del tuo grembo, nel frutto del tuo bestiame e nel frutto del tuo suolo nel paese che l'Eterno giurò ai tuoi padri di darti. L'Eterno aprirà per te il suo buon tesoro, il cielo, per dare alla tua terra la pioggia a suo tempo e per benedire tutta l'opera delle tue mani; tu presterai a molte nazioni, ma non prenderai nulla in prestito.

—Deuteronomio 28,11-12

Dio è un Dio di abbondanza, di crescita e di prosperità... non di scarsità o diminuzione. Il suo desiderio è quello di benedire i Suoi figli.

Lo Spirito Santo ti guiderà sempre verso la strada migliore, i dipendenti migliori, i clienti migliori e le opportunità migliori. Ti allontanerà da perdite finanziarie, affari sbagliati e collaborazioni pericolose.

Lo Spirito Santo non ti condurrà mai su un sentiero che possa portare te o la tua azienda alla rovina (a meno che non sia per salvarti da qualcosa di ancora peggiore che tu non riesci a vedere!).

Essere guidati dallo Spirito Santo negli affari è il modo migliore per vivere nella Sua abbondanza.

6: Lo Spirito Santo è il Tuo Consulente, Consigliere e Coach #1.

> *Confida nell'Eterno con tutto il cuore, e non ti appoggiare sul tuo discernimento. Riconoscilo in tutte le tue vie ed egli appianerà i tuoi sentieri.*
>
> —Proverbi 3,5-6

Quando scegli di compiere questo cambiamento (e sento che hai già deciso), lo Spirito Santo ti dirà quando…

- Andare
- Restare
- Fermarti
- Costruire
- Investire
- Allinearti
- Evitare
- Rimandare
- Aspettare
- Espanderti
- Muoverti
- Prepararti
- Assumere
- Licenziare
- Comprare
- Vendere
- Scappare!

Lo Spirito Santo è e dovrebbe sempre essere il tuo Consulente, Consigliere e Coach #1.

2.3. Il Tuo Vero Nemico

Il ladro non viene se non per rubare, uccidere e distruggere.

—Giovanni 10,10a

Il tuo vero nemico non sono i concorrenti, i fornitori, le banche o i tuoi dipendenti.

Il tuo vero nemico non sono le condizioni di mercato, la concorrenza globale o la mancanza di liquidità.

Il tuo vero nemico è Satana!

Farà di tutto per sconfiggerti, distrarti e allontanarti dall'essere guidato dalla voce di Dio attraverso la Sua connessione diretta con te, lo Spirito Santo.

Satana vuole disperatamente che tu sia guidato dal mondo, da ciò che lui controlla (Efesini 2,2).

Dio vuole disperatamente che tu sia guidato dal Suo Spirito, da ciò che Egli controlla (Romani 8,14-16).

> "Poiché il nostro combattimento non è contro sangue e carne, ma contro i principati, contro le potenze, contro i dominatori di questo mondo di tenebre, contro le forze spirituali della malvagità, che sono nei luoghi celesti." (Efesini 6,12)

È ora di rivolgere la tua attenzione alla vera battaglia che devi affrontare negli affari.

È la stessa battaglia che affronti a casa: la battaglia tra giusto e sbagliato, tra bene e male.

È ora di ricordare al nemico che ha già perso, che è stato sconfitto 2.000 anni fa sulla croce.

È ora di dichiarare che non ha alcun potere su di te o sulla tua azienda, perché ora sei guidato dallo Spirito Santo.

È ora di dirgli che, nel nome di Gesù, deve fuggire (Giacomo 4,7)!

2.4. La Tua Migliore Decisione Aziendale Di Sempre

> *Non conformatevi a questo mondo, ma siate trasformati mediante il rinnovamento della vostra mente, affinché conosciate per esperienza quale sia la volontà di Dio, la buona, gradita e perfetta volontà.*
>
> —Romani 12,2

La decisione più importante che prenderai mai per la tua azienda è diventare un leader guidato dallo Spirito Santo.

Nessun'altra decisione potrà mai...

- Accendere e ravvivare il tuo spirito a un livello superiore
- Essere più impegnativa da applicare e integrare nella tua vita quotidiana
- Scatenare un potere spirituale senza precedenti all'interno della tua organizzazione
- Essere più incompresa e perfino derisa da familiari, amici, dipendenti e clienti
- Portarti ricompense più grandi, sia terrene che eterne
- Essere più combattuta dal nemico e dal suo esercito

Se la confronti con qualsiasi altra decisione, questa è la più importante di tutte.

Ha persino conseguenze su ciò che Gesù testimonierà in tua difesa davanti al Padre nel giorno del giudizio.

La domanda è: "Sarai un leader guidato dallo Spirito o continuerete ad essere un leader guidato dal mondo?"

Io so che hai già deciso. Il mio spirito sente che sei pronto per fare questo *grande cambiamento*.

Ma prima di farlo, devi prepararti ad affrontare gli inevitabili ostacoli che incontrerai lungo il cammino.

Guida allo Studio – Capitolo 2

Credi che sia possibile essere completamente guidato dallo Spirito Santo nella tua azienda, nel tuo Paese? Perché sì o perché no?

Qual è, secondo te, la sfida più grande nel passare a essere totalmente guidato dallo Spirito Santo negli affari?

In che modo pensi che Satana abbia un impatto sulla tua azienda?

Fai un elenco di come l'essere guidato dallo Spirito Santo può contrastare i tentativi di Satana di rubare, distruggere e danneggiare la tua azienda.

3

GLI OSTACOLI

Noi siamo tribolati in ogni maniera, ma non ridotti all'estremo; siamo perplessi, ma non disperati; perseguitati, ma non abbandonati; abbattuti, ma non distrutti.

—2 Corinzi 4,8-9

PAOLO SAPEVA QUALI PROVE AVREBBE DOVUTO affrontare per predicare il vangelo. Eppure, questo non lo fermò dal compiere la chiamata che il Signore gli aveva affidato.

Ti sto forse dicendo che, facendo questo *grande cambiamento*, dovrai affrontare percosse, prigionia, naufragi e altre difficoltà simili? No, ma potrebbe accadere. Molti di voi, che stanno leggendo questa Edizione Globale, vivono in paesi dove i cristiani sono severamente perseguitati in ogni ambito della vita. A volte, ci troviamo di fronte a grandi ostacoli mentre cerchiamo di diventare leader aziendali guidati dallo Spirito Santo.

Quando il Signore mi ha chiamato a lasciare la mia azienda di consulenza e formazione a scopo di lucro per avviare un ministero aziendale basato sulla fede, credimi... ho affrontato molte sfide, persino qui negli Stati Uniti.

Molti uffici di speaker professionisti, che mi avevano ingaggiato per anni e anni, quando hanno saputo che lavoravo come cristiano, mi hanno abbandonato come se avessi la lebbra.

I potenziali clienti scappavano per paura che potessi entrare e cercare di evangelizzare o convertire i loro dipendenti in cristiani.

Il mio nuovo pubblico di riferimento, altri 2%er come te, non mi conosceva come leader d'affari credente con un messaggio fresco e innovativo.

Fino a quel momento, tutti i miei discorsi, i libri, i materiali di formazione, i blog e tutto il resto che avevo creato nei 20 anni precedenti erano completamente laici (senza alcun riferimento alla fede), anche se ogni tanto inserivo qualche accenno alla Parola di Dio, quando lo ritenevo opportuno.

Ho dovuto ricominciare da zero, a 57 anni, con un'attività gestita da casa.

Parte della mia testimonianza è che, anche se ho dovuto lottare per mantenere a galla la mia attività nei primi anni, Dio ha provveduto a tutto ciò di cui avevamo bisogno. Non abbiamo mai saltato una rata del mutuo, non ci è mai mancato un pasto, abbiamo sempre potuto pagare la retta scolastica di nostro figlio e ogni nostra necessità è sempre stata soddisfatta.

"Il mio Dio provvederà a ogni vostro bisogno, secondo la sua gloriosa ricchezza, in Cristo Gesù." —(Filippesi 4,19)

Sì, anche per me, dopo aver fatto il Grande Cambiamento, sono arrivati nuovi ostacoli. E così sarà anche per te.

Qui di seguito ti parlerò di alcuni degli ostacoli più grandi che ho dovuto affrontare, molti dei quali probabilmente hai già incontrato o incontrerai presto.

Ma voglio incoraggiarti. Alla fine di questo capitolo, condividerò con te una chiave fondamentale che mi ha aiutato a superare gli ostacoli e diventare un leader aziendale guidato dallo Spirito Santo.

3.1. Non È Naturale

> *Ma l'uomo naturale non riceve le cose dello Spirito di Dio, perché per lui sono follia; e non le può conoscere, perché si giudicano spiritualmente. Ma l'uomo spirituale giudica ogni cosa, ed egli stesso non è giudicato da nessuno. Infatti, 'chi ha conosciuto la mente del Signore per poterlo istruire?' Ora noi abbiamo la mente di Cristo.*
>
> —1 Corinzi 2,14-16

Tu ed io, molto probabilmente, siamo stati educati a fare business in un certo modo: seguendo i principi del mondo, non quelli del Regno di Dio.

Ci è stato insegnato—o siamo stati guidati da leader aziendali—secondo il sistema del mondo, che ci ha mostrato come:

- Prendere decisioni (guidati dalla razionalità)
- Valutare rischi e opportunità (guidati dalle opportunità)
- Aumentare i profitti e ridurre i costi (guidati dal denaro)
- Implementare i sistemi e i software più avanzati (guidati dall'innovazione)
- Applicare le ultime strategie di business (guidati dagli esperti)
- Agire rapidamente sotto pressione (guidati dalla pressione)

Dopo anni, o addirittura decenni, di lavaggio del cervello basato sul mondo degli affari, non è naturale fermarsi e chiedere allo Spirito Santo di mostrarci la via migliore da seguire.

Anche fare un cambiamento positivo, come il Grande Cambiamento, all'inizio può sembrare molto innaturale, semplicemente perché è qualcosa che non abbiamo mai fatto prima.

Ma va bene così. Una volta che inizierai questo percorso, vedrai i primi successi e persino risultati soprannaturali. A quel punto, essere guidato dallo Spirito Santo diventerà il tuo nuovo modo naturale di lavorare.

3.2. NON È OVVIO

> *Ma Marta, tutta presa dalle faccende domestiche, venne e disse: "Signore, non ti importa che mia sorella mi abbia lasciata sola a servire? Dille dunque che mi aiuti."*
>
> —Luca 10,40

Fermiamoci un attimo a riflettere sul punto di vista di Marta.

Per Marta era ovvio che ci fosse urgenza nel preparare il pasto per tutti gli ospiti. Tanta gente. Gesù che insegna. La folla che inizia ad avere fame.

Ci deve essere un grande pasto pronto per tutti appena Lui avrà finito di insegnare... giusto? Perché nessun altro riesce a vedere l'ovvio Soprattutto quella fannullona di mia sorella Maria, che invece di aiutarmi come dovrebbe, se ne sta lì seduta a perdere tempo ad ascoltare Gesù quando c'è da lavorare! Dovrebbe saperlo bene!

Marta arriva addirittura a interrompere Gesù mentre sta insegnando e, in pratica, gli ordina di dire a Maria di andare in cucina ad aiutarla.

Immagina di avere l'audacia di interrompere l'insegnamento di Gesù, di criticare Maria di fronte a una grande folla e poi di ordinare a Gesù (perché ovviamente sarà d'accordo con me) di dire a Maria cosa fare... di alzarsi e aiutare a preparare il pasto!

È così ovvio... giusto?

È facile lasciarsi guidare da ciò che sembra ovvio, piuttosto che permettere allo Spirito Santo di guidarci verso ciò che potrebbe non essere così evidente.

Potrebbe sembrarci ovvio, le logiche del mondo degli affari, dover...

- Posticipare il pagamento di un fornitore di qualche giorno per migliorare il flusso di cassa
- Licenziare quel dipendente che arriva sempre in ritardo al lavoro
- Espandersi in una città o in un mercato con grande potenziale
- Sostituire un fornitore di lunga data con uno più economico
- Ridurre o eliminare il budget per la formazione quando si devono tagliare i costi

Essere guidati dallo Spirito Santo negli affari non è sempre la cosa più ovvia da fare. Devi imparare a discernere, attraverso lo Spirito, le vie non così ovvie del Regno di Dio.

Più avanti, si parlerà anche di questo.

3.3. Non è Popolare

Allora i Suoi discepoli si avvicinarono e gli dissero: "Sai che i farisei, quando hanno udito questo discorso, ne sono rimasti scandalizzati?"

—Matteo 15,12

IL NOSTRO VANTAGGIO INGIUSTO

Allora gridarono a gran voce, si turarono gli orecchi e si scagliarono tutti insieme contro di lui; e, cacciatolo fuori dalla città, lo lapidarono. I testimoni deposero i loro mantelli ai piedi di un giovane chiamato Saulo.

—Atti 7,57-58

Ma quando i Giudei di Tessalonica vennero a sapere che la Parola di Dio era stata annunziata da Paolo anche a Berea, si recarono là, agitando e mettendo sottosopra la folla.

—Atti 17,13

Questi versetti piuttosto forti indicano mettono in evidenza una verità cruda: non tutti accetteranno la tua rivelazione di essere guidato dallo Spirito Santo negli affari a braccia aperte e gridando "Alleluia!"

Molti, se non la maggior parte, avranno difficoltà a capire la tua rivelazione sul nuovo vantaggio competitivo ingiusto.

Alcuni potrebbero perfino deriderti o disprezzarti. Sì, essere guidati dallo Spirito Santo negli affari può essere così impopolare che è comune sentire il classico insulto: "Oh, ma pensa davvero di sentire la voce di Dio?"

Ma non è proprio questo il punto?

La Bibbia è una lunga e potente storia di persone che hanno sentito la voce di Dio: Adamo, Abramo, Mosè, Giuseppe, Samuele, Davide, Salomone, Geremia, Isaia, Eliseo, tutti gli apostoli e, soprattutto, Gesù stesso.

Abbracciare il nostro vantaggio competitivo ingiusto negli affari può non essere popolare, ma considerati in splendida compagnia, anche quando ti si presenteranno dei dubbiosi o degli schernitori.

3.4. Non Sei Sicuro Che La Tua Fede Sia Abbastanza Forte?

> *Gesù gli disse: "Se puoi credere, ogni cosa è possibile per chi crede." Subito il padre del bambino gridò con lacrime: "Io credo; vieni in aiuto alla mia incredulità!"*
>
> —Marco 9,23-24

> *Vegliate e pregate, affinché non cadiate in tentazione; lo spirito è pronto, ma la carne è debole.*
>
> —Matteo 26,41

> *Ma io ho pregato per te, affinché la tua fede non venga meno; e tu, quando sarai convertito, fortifica i tuoi fratelli.*
>
> —Luca 22,32

Questo ostacolo può essere il più impegnativo.

A volte, potresti mettere in dubbio la profondità della tua fede, chiedendoti se sei abbastanza forti per resistere. Potresti iniziare a confrontarti con i giganti spirituali della Bibbia, da Caleb a Paolo, e pensare subito di essere debole... che la tua fede non è abbastanza forte per avere successo.

Questo è anche uno dei principali ostacoli che il nemico ama lanciare contro di te. Satana ha avuto perfino l'ardire di lanciare questa accusa a Gesù (vedi Matteo 4,3.5.8).

Cosa ci vuole per avere abbastanza fede?

> Il Signore disse: "Se aveste fede quanto un granello di senape, potreste dire a questo gelso: 'Sradicati e trapiantati nel mare,' ed esso vi ubbidirebbe." (Luca 17,6)

La tua fede, attraverso la salvezza, ti ha portato a un rapporto eterno con Gesù, con la promessa di vivere con Lui per sempre in cielo.

La tua fede è quindi certamente abbastanza forte, anche se piccola un granello di senape, per essere un leader guidato dallo Spirito.

3.5. Hai Paura Di Sbagliare

> *Allora Pietro si ricordò della parola di Gesù, che gli aveva detto: "Prima che il gallo canti, mi rinnegherai tre volte." E, uscito fuori, pianse amaramente.*
>
> —Matteo 26,75

Sei umano? Anch'io. Ciò significa che, a volte, abbiamo fallito e siamo venuti meno alla gloria di Dio (Romani 3,23).

Mentre inizi questo nuovo cammino, è probabile che commetterai degli errori lungo il percorso. Ma anche quando sbaglierai, ricorda che sei perdonato.

> Se confessiamo i nostri peccati, Egli è fedele e giusto da perdonarci i peccati e purificarci da ogni iniquità.
> (1 Giovanni 1,9)

Quando sarai guidato dallo Spirito Santo negli affari, a volte potresti sbagliare, ma continua ad andare avanti. E man mano che andrai avanti, farai sempre meno errori, man mano che il Suo potere crescerà in te.

Il motivo per cui continuiamo a sbagliare è che ascoltiamo il canale spirituale sbagliato!

Man mano che imparerai a sentire la Sua voce più chiaramente, raramente ti perderai ciò che ti sta dicendo per la tua crescita e per la crescita della tua attività.

Non lasciare che la paura di commettere errori, a volte, ti impedisca di perseguire con passione il tuo viaggio per essere guidato dallo Spirito Santo.

3.6. Parti Forte Ma Poi Ti Arrendi

Ed Egli disse: "Vieni." E Pietro, sceso dalla barca, camminò sull'acqua per andare verso Gesù. Ma vedendo il vento, ebbe paura e, cominciando ad affondare, gridò: "Signore, salvami!" Subito Gesù tese la mano, lo afferrò e gli disse: "Uomo di poca fede, perché hai dubitato?" E quando furono saliti sulla barca, il vento si calmò.

—Matteo 14,29-32

Nella Bibbia due persone camminarono sulle acque: Gesù e Pietro.

Pietro iniziò con determinazione. Uscì dalla barca con fede, guardò Gesù e ascoltò la Sua voce. Non prestò attenzione a ciò che lo circondava: le onde impetuose, il vento, il mare in tempesta.

Pietro iniziò con determinazione, che poi svanì rapidamente quando distolse lo sguardo da Gesù.

È facile partire con entusiasmo in una nuova ed entusiasmante avventura imprenditoriale. È particolarmente eccitante, in quanto 2%er, iniziare una nuova ed entusiasmante avventura imprenditoriale con il Signore.

Ma quando scegli di diventare un leader guidato dallo Spirito Santo, non c'è modo di tornare indietro. Perché? Perché una volta che ti impegni, Gesù si aspetta che tu vada fino in fondo.

Essere guidati dallo Spirito Santo negli affari richiede un impegno totale per rimanere nella propria corsa fino alla fine. Proprio come disse Paolo:

> ...affinché *io possa portare a termine* con gioia *la mia corsa* e il ministero che ho ricevuto dal Signore Gesù, per testimoniare il vangelo della grazia di Dio. (Atti 20,24b, enfasi aggiunta)

Uno dei miei eroi della fede è Caleb. La sua storia mi emoziona ogni volta che la leggo e la studio.

Aveva 40 anni quando insieme a Giosuè cercò di convincere gli Israeliti a entrare e a conquistare la Terra Promessa (Numeri 14,7). Solo lui e Giosuè sopravvissero ai 40 anni nel deserto, perché Caleb aveva uno spirito diverso (Numeri 14,24).

A 80 anni, aiutò Giosuè a guidare l'esercito d'Israele nella Terra Promessa e a conquistare un regno dopo l'altro. Poi, dopo aver atteso 45 anni, quando Dio ordinò a Giosuè di dividere le terre, gli fu offerta qualsiasi terra volesse.

La risposta di Caleb è un esempio lampante di come si possa iniziare con determinazione senza lasciarla svanire:

> "Ora, ecco, il Signore mi ha conservato in vita, come aveva detto, per quarantacinque anni, da quando il Signore disse questa parola a Mosè, mentre Israele camminava nel deserto; ed ecco, oggi ho ottantacinque anni. *Sono ancora forte come il giorno in cui Mosè mi mandò*; la mia forza è la stessa di allora, sia per combattere che per uscire e rientrare. Ora, dunque, dammi questo monte di cui il Signore parlò in quel giorno; poiché tu udisti allora che là vi erano gli Anachiti e che le città erano grandi e fortificate. Forse il Signore sarà con me e io li scaccerò, come il Signore ha detto." (Giosuè 14,10-12, enfasi aggiunta)

A 85 anni, Caleb scelse di affrontare proprio quella terra dove abitavano i giganti che gli altri dieci esploratori avevano temuto, coloro che avevano causato i 40 anni di vagabondaggio nel deserto.

Caleb è il tipo di uomo che desidero essere negli affari e nella vita.

È il modello che desidero emulare!

Caleb è un esempio fenomenale di come iniziare forte, rimanere forte e non arrendersi mai.

La mia corsa negli affari è tutt'altro che finita. Come te, quando ho preso per la prima volta la decisione di essere guidato dallo Spirito, sono partito forte. Le pressioni, le incertezze, le opportunità di lavoro perse e persino la mia carne hanno cercato di entrare nella mia mente con dubbi e incertezze per scoraggiarmi.

Ma ho scelto di non essere come Pietro e di non distogliere lo sguardo da Gesù. Ho scelto di rimanere fisso su di Lui e di ascoltare il Suo Spirito.

Ho scelto di finire la mia corsa come Paolo.

Ho deciso di iniziare con forza, di rimanere forte e di non arrendermi mai... proprio come Caleb!

La mia preghiera è che anche tu possa diventare più forte nella tua corsa imprenditoriale guidato dallo Spirito Santo.

3.7. Non Sai Come Farlo

> *Ed egli, tutto tremante e stupito, disse: "Signore, che vuoi che io faccia?" E il Signore gli disse: "Alzati, entra nella città e ti sarà detto ciò che devi fare."*
>
> —Atti 9,6

Paolo non sapeva come usare il suo nuovo e ingiusto vantaggio nel suo ministero. Ha dovuto imparare a usarlo.

Quando ho iniziato il mio viaggio per diventare un imprenditore guidato dallo Spirito Santo, non sapevo cosa fare.

Proprio come Paolo, ho dovuto imparare cosa fare e come farlo, passo dopo passo.

Non pretenderei mai di avere tutte le risposte su come essere pienamente guidato dallo Spirito Santo negli affari.

Ma posso condividere con te ciò che ho imparato dalla mia esperienza.

Ed è proprio questo il motivo per cui stai leggendo questo libro.

Lo Spirito Santo mi ha detto di scrivere questo libro per insegnarti ciò che Lui ha insegnato a me! Stavo imparando a farmi guidare da Lui, quando mi disse:

"È ESATTAMENTE per questo che voglio che tu scriva questo libro: per insegnare al Mio popolo ciò che Io ti ho insegnato su come lasciarsi guidare da Me negli affari."

Hai già letto, o ascoltato, alcune delle lezioni che ho appreso.

Ora andiamo avanti!

3.8. La Chiave Per Superare I Tuoi Ostacoli

Ostacolo (s.): qualcosa che ferma il progresso o impedisce il raggiungimento di un obiettivo.

Sebbene sia importante riconoscere i potenziali ostacoli che potresti incontrare nel passaggio da leader guidato dal mondo a leader guidato dallo Spirito, è ancora più importante sapere come superarli.

Il nemico farà di tutto per bloccare l'azione dello Spirito Santo nella tua azienda. Utilizzerà tutto il suo arsenale per creare piccoli, grandi e persino schiaccianti ostacoli sulla strada. Continuerà a ricordarti i sette ostacoli di cui abbiamo parlato e forse ne aggiungerà altri, solo per il suo perfido piacere.

Aspettatelo.

GLI OSTACOLI

Ricorda che i suoi ostacoli sono spesso temporanei (a meno che tu non gli permetta di renderli permanenti) e distrazioni inutili (la strada è ancora percorribile).

Satana farà di tutto per riportarti nel suo sistema, costringendoti a fare impresa secondo le sue regole.

Una chiave che ho imparato per superare questi ostacoli è quella di memorizzare questo potente versetto:

> Non conformatevi a questo mondo, ma siate trasformati mediante il rinnovamento della vostra mente, affinché conosciate per esperienza quale sia la volontà di Dio, la buona, gradita e perfetta volontà. (Romani 12,2)

Poi, l'ho riformulato con le mie parole, in questo modo:

> Io non mi conformo alle logiche del mondo degli affari, ma sono trasformato dal rinnovamento della mia mente attraverso lo Spirito Santo, per guidare e vivere ciò che è la buona, gradita e perfetta volontà di Dio nella mia azienda.

La chiave? Rinnova la tua mente!

La battaglia inizia nella tua mente. Inizia con la volontà o meno di essere trasformato in tutto ciò che Dio vuole che tu sia negli affari attraverso la potenza dello Spirito Santo.

La battaglia finisce quando impari a lasciare che lo Spirito Santo si muova liberamente nella tua azienda.

Il prossimo passo: preparati a liberare la potenza dello Spirito Santo nella tua azienda!

Guida allo Studio - Capitolo 3

Tra i sette ostacoli, quali sono i tre più difficili da superare per te? Perché rappresentano una sfida per te?

1.

2.

3.

Qual è il tuo piano/le azioni che devi intraprendere per superare queste sfide?

Che cosa significa per te Romani 12,2 nella tua sfida per superare gli ostacoli?

4

Come Prepararsi

Metti in ordine i tuoi affari di fuori, metti in buono stato i tuoi campi, poi ti fabbricherai la casa.

—Proverbi 24,27

PREPARARSI SIGNIFICA...

- Essere pronti per qualcosa che stai per fare, qualcosa che ti aspetti accada
- Prepararsi in anticipo per un determinato scopo, utilizzo o attività
- Mettere la propria mente nello stato giusto
- Pianificare in anticipo
- Essere pronti

Ho iniziato a praticare sport all'età di sei anni. Dal baseball alla pallacanestro, fino al golf, mi sono subito reso conto che per essere un buon giocatore non bastava presentarsi alle partite. Se volevo entrare in squadra e avere la possibilità di giocare, dovevo investire tempo, energia e impegno per prepararmi nel modo giusto.

Quando ho iniziato a giocare a golf, ricordo con affetto l'eccitazione iniziale quando mio padre mi ha comprato il primo set di mazze: un driver, un ferro cinque, un ferro nove e un putter. Pensavo di essere diventato come il mio primo idolo sportivo, Sam Snead! Ma la verità è che non avevo la minima idea di come prepararmi per la mia prima partita.

Mio padre mi ha insegnato con delicatezza e in modo specifico come impugnare la mazza, la corretta traiettoria dello swing, come prendere la mira e concentrarsi e come andare fino in fondo. Essendo un ex giocatore di baseball semi-professionista, sapeva quanto fosse fondamentale prepararsi correttamente e ha fatto un lavoro magistrale farmi amare questo sport. (Oggi gioco con un handicap di 11, quindi se vuoi invitarmi per una partita, sono disponibile).

Crescendo, mi sono reso conto ancora di più dell'assoluta necessità di una preparazione intensa e mirata per eccellere nello sport e nella vita.

E lo stesso vale per te mentre ti avvicini a liberare la potenza dello Spirito Santo nella tua azienda.

Devi prepararti.

Devi investire il tempo e l'energia necessari per preparare la tua mente e il tuo spirito al prossimo passo del viaggio.

Ecco cinque aree in cui devi prepararti per sbloccare la potenza dello Spirito Santo nella tua azienda.

4.1. È Più Di Una Semplice Preghiera

> *E, giunti ai confini della Misia , cercavano di andare in Bitinia; ma lo Spirito di Gesù non lo permise loro.*
>
> —Atti 16,7

Come Prepararsi

Sei un po' scioccato dal titolo di questa sezione? Come può esserci qualcosa di più importante della preghiera? La preghiera non è forse *la* cosa più importante che facciamo come credenti?

Ti prego di comprendere che NON sto assolutamente sminuendo il potere della preghiera! Tutto ciò che riguarda l'essere guidati dallo Spirito Santo negli affari inizia con la preghiera. La preghiera non è e non deve mai essere considerata una strategia spirituale di secondo livello nel mondo degli affari.

Comprendi anche che essere pienamente guidato dallo Spirito di Dio negli affari va oltre la preghiera. Perché?

Perché, purtroppo, anche tra i 2%er più devoti, la preghiera diventa spesso solo un'abitudine programmata e un'attività predefinita nel calendario... semplicemente un'altra cosa *da fare* nell'elenco delle attività quotidiane. La preghiera per la tua azienda diventa: "Ok, sono le 6:45 del mattino... è ora di pregare per qualche minuto." Spunti la casella.

Allo stesso modo, la preghiera per la tua azienda spesso diventa: "Oh no, mi stavo dimenticando... devo recitare qualche preghiera prima di mettermi al lavoro."

Nel peggiore dei casi, la preghiera diventa una strategia disperata dell'ultimo minuto: "Dio, ti prego, salva la nostra azienda."

Sì, lo ammetto, ho fatto tutte e tre queste cose. E tu?

Anche se tu e la tua squadra dedicate tempo, energia e fede a momenti intensi di preghiera (e dovreste farlo), la preghiera da sola non è sufficiente a liberare il potere completo del nostro vantaggio competitivo ingiusto.

Per prepararti a sbloccare il tuo vantaggio competitivo ingiusto, non basta la preghiera, ma occorre una consapevolezza spirituale totale!

Sii Spiritualmente Consapevole

Lo Spirito Santo è sempre all'opera dentro e intorno a te, in modi sia sottili che palesi. Sempre.

Ci sono due livelli principali di consapevolezza spirituale quando ti prepari a liberare il tuo vantaggio competitivo ingiusto nel mondo degli affari.

Livello 1: Consapevolezza Spirituale Personale

La consapevolezza spirituale inizia con un esame intenzionale di come lo Spirito Santo si muove dentro di te. Puoi iniziare il tuo percorso di consapevolezza personale rispondendo a domande come...

- Che cosa mi sta dicendo oggi lo Spirito Santo?
- A chi mi sta chiedendo di rivolgermi oggi lo Spirito Santo?
- In quale direzione sento che lo Spirito Santo mi sta guidando per il futuro?

Prenditi 15 minuti, ADESSO, per scrivere le tue risposte a queste domande. Trova un posto tranquillo, medita su queste domande e ascolta la voce dello Spirito. Perché farlo ora? Questo è il primo grande passo nella tua preparazione: affina la tua consapevolezza spirituale personale per imparare ad ascoltare ciò che lo Spirito Santo ti sta dicendo in questo momento.

Stampa questa pagina e scrivi le tue intuizioni.

Che cosa mi sta dicendo oggi lo Spirito Santo?

A chi mi sta chiedendo di rivolgermi oggi lo Spirito Santo?

In quale direzione sento che lo Spirito Santo mi sta guidando per il futuro?

Poniti queste tre domande ogni giorno. Così facendo, diventerai rapidamente più intenzionale nella tua consapevolezza spirituale personale.

Livello 2: Consapevolezza Spirituale Aziendale

Man mano che sviluppi e perfezioni la tua consapevolezza spirituale personale, puoi iniziare a focalizzarti sulla consapevolezza spirituale aziendale.

Ecco un esempio personale. Qualche anno fa, sono stato invitato a incontrare un imprenditore 2%er che affittava un piano di un grande edificio per uffici e poi subaffittava lo spazio inutilizzato ad altre aziende cristiane. Durante la mia prima visita nei suoi uffici, ho percepito una presenza maligna molto forte. Gli ho chiesto chi fosse il precedente inquilino di quello spazio. Mi ha risposto che prima c'era un grande ufficio della Planned Parenthood, un'organizzazione americana che promuove apertamente l'aborto. Abbiamo subito iniziato a pregare, ungendo gli uffici e rimuovendo gli spiriti maligni presenti in quel luogo.

Mi ci sono voluti anni di pratica nel Livello 1: Consapevolezza Spirituale Personale, prima di iniziare a imparare come applicarla al Livello 2: Consapevolezza Spirituale Aziendale.

Ma tu puoi accelerare il tuo percorso di apprendimento su come prepararti a essere completamente guidato dallo Spirito Santo.

Ecco alcune domande che mi hanno aiutato a diventare più consapevole di come lo Spirito Santo si muove all'interno e attraverso la mia attività. Ti chiedo di prenderti 15 minuti, ADESSO, per scrivere le tue intuizioni riguardo a queste domande spirituali intenzionali legate al mondo degli affari.

Dove sento che lo Spirito Santo si sta muovendo nella mia azienda?

Come sta operando lo Spirito Santo in questa situazione attuale?

Chi sta guidando lo Spirito Santo nella mia azienda e intorno ad essa?

Colleghi: dirigenti, supervisori, staff operativo, collaboratori temporanei

Clienti: locali, nazionali, globali

Partner e fornitori: venditori, fornitori, consiglio di amministrazione, sostenitori esterni

Comunità: regioni geografiche che serviamo

In quali attività, progetti, comunicazioni o trattative commerciali imminenti ho bisogno di essere più guidato dallo Spirito Santo?

La Ricompensa

Col tempo, diventerai sempre più intenzionato a ricercare una maggiore consapevolezza spirituale personale e aziendale per te e per la tua azienda. Se hai letto questo libro fino a questo punto, Dio è già all'opera per farti capire come connetterti ancora di più con Lui.

Spesso, dopo i miei momenti di preghiera intenzionale, mi ritrovo letteralmente a piangere di gioia per il modo in cui Dio sta trasformando le persone intorno a me per la Sua gloria e per il privilegio di essere parte del Suo piano!

In tutta franchezza, le mie meditazioni spirituali personali e aziendali hanno ravvivato il mio impegno nel portare impatto nel Regno di Dio più di qualsiasi altra cosa che io faccia.

Grazie ad esse, so di sapere di sapere che nulla può fermarmi!

Vedi, è più di una preghiera. Molto di più!

Quando combini la preghiera con una consapevolezza spirituale intenzionale, sia personale che aziendale, hai compiuto il primo passo per prepararti a liberare il tuo vantaggio competitivo ingiusto!

4.2. È Più Di Una Voce

> *Egli [Simeone], spinto dallo Spirito, andò nel tempio; e, mentre i genitori vi portavano il bambino Gesù per adempiere a suo riguardo le prescrizioni della legge...*
>
> —Luca 2,27

> *Ed ora, ecco, io [Paolo], legato dallo spirito, vado a Gerusalemme, senza sapere le cose che là mi accadranno.*
>
> —Atti 20,22

La maggior parte di noi ADOREREBBE sentire la voce di Dio in modo forte e chiaro, magari attraverso un roveto ardente (Esodo 3,1), una nuvola imponente dal cielo (Matteo 17,5), o perfino un asino parlante (Numeri 22,28).

Nella Bibbia ci sono alcuni casi in cui le persone hanno sentito la voce di Dio con le proprie orecchie. Ma questi sono l'eccezione, non la regola. E lo stesso vale ancora oggi.

Lo Spirito Santo può parlarti con voce udibile? Assolutamente sì. Lo fa spesso? Nel mio caso, no. Perché no?

Perché Egli vive dentro di me! Dio non ha bisogno di usare suoni fisici che entrano nelle mie orecchie per comunicare con me, quando il Suo Spirito già dimora dentro di me.

Ascoltare la Sua voce è più che aspettare un suono fisico: è imparare a entrare meglio in contatto con il Suo Spirito, che vive già dentro di me.

Dio Ti Sta Parlando

Anche se molto probabilmente credi che Dio sia in grado di parlarti, potresti ritrovarti a dire: "Non lo *sento*. Non credo che mi stia *parlando*."

Ora, un consiglio gratuito per te: NON DIRLO MAI PIÙ! MAI!

Fidati di me quando ti dico che il Signore ti parla davvero.

Se Dio è onnipresente, significa che è ovunque, in ogni momento.

Se Dio è onnisciente, significa che sa tutto: passato, presente e futuro.

Se il Suo Spirito vive in te e la Sua presenza è sempre intorno a te, allora sei letteralmente circondato dalla Sua presenza.

Pensa a come ti sentiresti se tuo marito, tua moglie, tuo figlio o tua figlia restassero sempre al tuo fianco, qualunque cosa accada, partecipando a ogni riunione, viaggiando con te in ogni viaggio e non lasciandoti mai solo... ti accorgeresti della loro presenza? Certamente. Ne percepiresti la presenza.

Allo stesso modo, Dio ti parla attraverso la Sua presenza, quella che mi piace chiamare "conoscenza interiore".

La Conoscenza Interiore

La conoscenza interiore è un'intuizione spirituale che va oltre i sensi mentali, emotivi o fisici. È un suggerimento o un impulso spirituale.

Semplicemente, sai che è Dio, anche se non senti una voce udibile.

Sai di sapere.

Ti sei mai detto o hai mai detto a qualcun altro: "*Sapevo che* non avrei dovuto farlo" o " *Sapevo che* avrei dovuto farlo"? O forse: "*Sapevo che* era una cattiva decisione, ma l'ho presa comunque"?

Come lo sapevi? Chi ti stava dicendo di farlo o di non farlo?

Come 2%er, è molto probabile che la tua conoscenza interiore provenga dallo Spirito Santo che vive dentro di te. È la stessa voce ferma, piccola e inudibile che cerchiamo (1 Re 19,12).

Ti esorto a non cercare voci udibili o cespugli ardenti per ascoltare lo Spirito. Si tratta di allenare le tue orecchie spirituali a riconoscere la Sua voce.

Liberare il tuo vantaggio competitivo ingiusto è molto più che sentire una voce.

4.3: Dedicati Con Tutto Il Cuore

Ma il Mio servo Caleb, poiché ha in sé uno spirito diverso e Mi ha seguito fedelmente, lo farò entrare nel paese dove è andato, e la sua discendenza lo possederà.

—Numeri 14,24

La frase *"dedicati con tutto il cuore"* significa:

- Agire senza alcun dubbio o esitazione nel fare qualcosa o nel sostenere qualcuno, ecc.
- Essere completamente e sinceramente devoti, determinati ed entusiasti
- Mostrare un impegno totale e sincero
- Agire senza riserve o esitazioni

Caleb è uno dei miei eroi preferiti della Bibbia. Lui e Giosuè furono incaricati di essere due dei 12 esploratori inviati a perlustrare la Terra Promessa e riferire a Mosè. Gli altri 10, sopraffatti dalla paura, arrivarono persino a minacciare di uccidere Giosuè e Caleb per aver incoraggiato Mosè a passare il Giordano e conquistare la terra.

Giosuè e Caleb, invece, credettero alle promesse del Signore e Lo servirono con tutto il cuore, pronti ad andare all'attacco appena Dio glielo avesse ordinato.

Il tuo cammino per liberare la potenza dello Spirito Santo attraverso di te nella tua azienda non è per i deboli di cuore! Una volta che scegli questa strada, devi procedere con tutto il cuore, non trattenendo nulla e andando avanti come lo Spirito ti guida.

Non Stare con Un Piede in Due Scarpe

> *Vedi, io ho posto oggi davanti a te la vita e il bene, la morte e il male, perché io oggi ti comando di amare il Signore, il tuo Dio, di camminare nelle Sue vie e di osservare i Suoi comandamenti, i Suoi statuti e i Suoi decreti, affinché tu viva e ti moltiplichi; e il Signore, il tuo Dio, ti benedirà nel paese nel quale stai per entrare per prenderne possesso. ... Io prendo oggi a testimoni contro di voi il cielo e la terra: io ti ho posto davanti la vita e la morte, la benedizione e la maledizione; scegli dunque la vita.*
>
> —Deuteronomio 30,15-16.19

Dio ci ha messo davanti una scelta chiara: la Sua via o quella del mondo. Ci ha anche dato la risposta.

Ma la scelta spetta a noi, non a Lui.

Ecco una confessione del mio percorso professionale che prego ti aiuti.

Dopo essere stato salvato da adolescente, mi sono lentamente allontanato dal Signore e dal corpo di Cristo. Giocare a baseball la domenica piuttosto che frequentare la chiesa ha dato inizio al mio lento declino all'età di 16 anni. Avevo quasi 40 anni quando sono tornato completamente al Signore, proprio nel momento in cui ho lanciato la mia attuale attività.

Per i primi dieci anni della mia nuova azienda, ho scritto diversi libri di economia, alcuni molto apprezzati e premiati.

Poi il Signore ha iniziato la sua opera su di me. Sentivo chiaramente che seguire il modello secolare degli affari non era la strada che Dio voleva per me. Così ho preso la decisione di... restare nel mezzo!

Per diversi anni, ho cercato di tenere un piede nel modo di fare affari del mondo e l'altro nel modo di fare affari di Dio. Ho iniziato a parlare alle conferenze dei pastori e a istruire il personale pastorale su pratiche di gestione solide e basate sulla Bibbia. Ho persino predicato la domenica in diverse chiese.

Anche se all'epoca mi sembrava abbastanza accettabile rimanere in bilico tra due scelte, nel 2009 il Signore mi ha detto chiaramente (non con una voce udibile, ma attraverso una potente conoscenza interiore): "Vieni completamente dalla Mia parte."

Mi è stato chiaro che dovevo fare una scelta: o continuare a stare con un piede in due mondi o fare totalmente tutto ciò che faccio per Dio e per la Sua gloria.

Anche se mi ci sono volute alcune settimane, alla fine mi sono arreso completamente e ho gridato: "Signore... qualunque cosa, ovunque! Qualunque cosa Tu voglia che io faccia e ovunque Tu voglia che io la faccia, io la farò."

In quel momento, mi sono totalmente sottomesso a Gesù. Alla Sua volontà. Al Suo piano.

Questo è stato il momento in cui ho deciso di vivere e lavorare con tutto il cuore per il Signore attraverso la mia attività.

Il tuo percorso professionale potrebbe essere molto meno drammatico. Ma il risultato deve essere lo stesso: accogliere con gioia l'essere totalmente dedicato al Signore nella tua azienda.

È una tua scelta: dare tutto a Dio oppure no. Ma ti avverto, se non ti dedichi con tutto il cuore, sarà la tua rovina e la tua caduta.

Io conosco le tue opere: tu non sei né freddo né fervente. Oh, fossi tu freddo o fervente! Così, perché sei tiepido, e non sei né freddo né fervente, io ti vomiterò dalla Mia bocca. (Apocalisse 3,15-16)

Cosa significa stare con un piede in due scarpe nel business? Potrebbe significare...

- Avere paura di pregare durante il lavoro perché qualcuno potrebbe vederti
- Maledire un momento e lodare Dio quello dopo
- Mettere un versetto sulla tua carta da visita sperando che la gente pensi che sei un cristiano autentico
- Affidarti più alle "strategie di business" del mondo piuttosto che ai principi eterni di Dio
- Pagare i fornitori in ritardo per assicurarti il tuo stipendio prima di tutto

Se una di queste situazioni ti ha toccato, è un buon segno. Non voglio offenderti, ma esortarti a cercare chiaramente la Sua volontà in questi e in altri ambiti, in modo da vivere con tutto il cuore per il Signore nella tua azienda.

Una Sfida

Questo è il momento ideale per mettere da parte questo libro, per un giorno, una settimana o più, e dedicare del tempo intenzionale di preghiera e digiuno per chiedere al Signore di preparare il tuo cuore a diventare un Caleb con tutto il cuore nel tuo mercato!

Vai avanti. Chiudi questo libro. Io sarò ancora qui quando tornerai dopo aver preso l'impegno con il Signore di non restare più con un piede in due scarpe!

Dai il Massimo

Qualunque cosa facciate, fatela di cuore, come per il Signore e non per gli uomini, sapendo che dal Signore riceverete la ricompensa dell'eredità; poiché voi servite Cristo, il Signore.

—Colossesi 3,23-24

Bentornato! Spero che il tuo tempo di preghiera sia stato un incontro potente con Dio che ti abbia portato chiarezza, pace ed entusiasmo.

Ora, approfondiamo il secondo modo per essere dedicato con tutto il cuore nella tua azienda: dare il massimo, tutto!

È semplice, ma estremamente difficile. Per spiegartelo meglio, voglio condividere con te un altro episodio personale.

Ho iniziato a giocare a baseball all'età di cinque anni e fin da subito volevo essere un lanciatore. Come lanciatore, hai il controllo. Puoi lanciare la palla con forza. I tuoi compagni di squadra dipendono da te. Per una vittoria ricevi più riconoscimenti e per una sconfitta più colpe di quante ne meriti. Ho continuato a lanciare in campionati organizzati fino a vent'anni. Era più di una semplice passione.

Durante i quattro anni di liceo, il mio record di lanci era 23 vittorie e solo 7 sconfitte. Niente male.

Dopo il diploma, ho giocato in un campionato estivo molto competitivo, insieme ad altri giocatori di alto livello provenienti da tutto lo Stato. Il torneo di fine anno era un evento a eliminazione diretta, in cui dovevamo vincere due partite per passare al torneo regionale.

L'allenatore ha scelto me per lanciare nella prima partita e un mio compagno di squadra, che chiameremo "Steve" anche se non era il suo vero nome, per la seconda partita. Ho lanciato per tutta la partita della prima sera, una partita lunga e intensa, e abbiamo vinto. Dopo 40 miglia di viaggio per tornare a casa, il giorno dopo siamo tornati per giocare la seconda partita, contro la squadra più forte dello Stato.

Come Prepararsi

Quando siamo arrivati allo stadio, Steve non c'era. Un'ora prima della partita, abbiamo saputo che aveva deciso di non presentarsi al campo. Non abbiamo mai saputo il motivo. Non ha molta importanza. Ero il migliore e l'unico lanciatore titolare rimasto in squadra. In genere, un lanciatore titolare si riposa 3-4 giorni prima di iniziare un'altra partita. Il braccio di un lanciatore è stanco e ha bisogno di rigenerarsi.

Il mio braccio e il mio corpo erano ancora stanchi dalla sera prima.

L'allenatore non aveva altra scelta che chiedere: "Jim, te la senti di giocare stasera?"

È necessario conoscere un piccolo retroscena. Steve e io abbiamo giocato insieme e contro per anni. Eravamo amichevoli rivali, compagni di squadra determinati a dimostrare l'uno all'altro e al resto della comunità chi fosse il lanciatore migliore. Steve faceva parte dell'ambiente, era un tipo in gamba, mentre io non lo ero di certo. Lui era un eccellente lanciatore mancino con una palla veloce velocissima. Io ero un lanciatore destro con una curva micidiale (e una palla veloce mediocre). Come atleti, avevamo un bel rapporto personale, ma entrambi eravamo totalmente dediti alla vittoria della nostra squadra.

Non avevo mai vinto contro la squadra con cui stavamo giocando quella sera. In precedenza, avevo perso cinque partite contro di loro nel corso della mia carriera al liceo e nei campionati estivi. Loro non mi temevano, ma nemmeno io temevo loro.

Quindi, quella sera avevo una motivazione enorme! Volevo battere quella squadra, vincere due partite consecutive e dimostrare chi fosse il miglior compagno di squadra. (Perdonami se in quel momento il mio orgoglio era un po' fuori controllo).

Ho iniziato la partita e tutta la squadra era entusiasta di vincere!

Dopo cinque inning eravamo in vantaggio 4-2. Mentre uscivo dalla panchina verso il monte di lancio per iniziare la parte alta della sesta ripresa (in questo campionato si giocavano solo partite di sette riprese), l'allenatore mi ha chiesto: " Jim, come ti senti?" Si è accorto che ero esausto; la mia mediocre palla veloce era un po' più debole e la mia palla curva pendeva un po' più in alto.

Ovviamente gli ho risposto: "Ehi, Coach... sto bene", e poi mi sono precipitato sul monte di lancio, come facevo sempre.

Sapeva cosa stava per accadere e cosa avrebbe dovuto fare di lì a poco. Anch'io, ma dovevo fare un ultimo tentativo.

Credo tu possa immaginare come è andata. L'altra squadra ha iniziato a colpirmi senza pietà. Fuoricampo, doppi, singoli... la palla volava in ogni angolo del campo da baseball.

Di solito, anche quando ero stanco, riuscivo comunque a far alzare una palla facile, a forzare un'uscita su terra, o a ottenere una volata di sacrificio. Non quella volta. Ero completamente esausto.

L'aver lanciato 12,5 inning nelle ultime 24 ore sotto un sole cocente da oltre 30 gradi aveva avuto il suo peso.

Per la prima volta nella partita, la squadra avversaria era in vantaggio. L'allenatore non aveva altra scelta che togliermi dalla partita.

Mentre l'allenatore si dirigeva verso il monte di lancio, ho fatto qualcosa che non avevo mai fatto in tutta la mia vita sportiva.

Ho iniziato a piangere.

Immagina la scena: un diciottenne appena diplomato, MVP della squadra di baseball del liceo, con un record di carriera di 23 vittorie e solo 7 sconfitte in piedi sul monte di lancio... in lacrime!

Eppure, non mi vergognavo. Le mie lacrime erano dovute alla consapevolezza che, nel profondo della mia anima, avevo dato il massimo. Non ho lasciato nulla sul campo. Ho riversato il mio cuore e la mia anima, dando tutto quello che avevo ai miei compagni di squadra e dando tutto quello che avevo per vincere.

E anche se il tabellone finale diceva che ero il lanciatore sconfitto, dentro di me, sapevo di essere il vero vincitore.

Mio padre era sugli spalti a guardare la partita, così come il padre di un mio compagno di squadra. Il padre del mio amico si è rivolto a mio padre e gli ha detto: "Ho visto Jim lanciare molte partite, ma non sono mai stato così orgoglioso di lui di quanto lo sia stasera."

Mio padre gli ha risposto: "Neanch'io, Ed. Neanch'io."

Racconto questa storia NON per vantarmi di me stesso. No. Piuttosto, condivido questa storia per incoraggiarti a capire che il nostro Signore Gesù sarà più orgoglioso di te quando Lo servirai con tutto il cuore, dando il massimo e facendo tutto il possibile per la Sua gloria nella tua azienda.

Alla fine, quando lo servirai con tutto il cuore, vincerai e riceverai la ricompensa della tua eredità (Colossesi 3,23-24).

Pertanto, nel tuo cammino per liberare la potenza dello Spirito Santo nella tua azienda, devi avere come obiettivo nel tuo cuore di servirlo con tutto te stesso!

Pertanto, quando lo Spirito Santo ti dice di andare o di non andare, di comprare o di non comprare, di vendere o di non vendere, di firmare o di non firmare quel contratto, di assumere o di non assumere quella persona... qualunque cosa ti dica di fare, falla.

Con tutto il cuore!

4.4. CONFIDA NEL SIGNORE

Confida nel Signore con tutto il tuo cuore e non appoggiarti sul tuo discernimento; riconoscilo in tutte le tue vie, ed Egli appianerà i tuoi sentieri.

—Proverbi 3,5-6

ATTENZIONE: NON TRASCURARE QUESTA VERITÀ SENZA TEMPO!

Come credente, probabilmente hai già sentito questo versetto molte volte, e forse lo hai anche memorizzato, proprio come ho fatto io.

Dobbiamo riflettere su questo versetto per un po', perché è il cuore di tutto il processo per liberare la potenza dello Spirito Santo nella tua azienda.

Cominciamo con l'analizzare attentamente i cinque elementi fondamentali di questo versetto.

Confida nel Signore

Confidare è definito come "avere una certezza incrollabile nel carattere, nella capacità, nella forza e nella verità di qualcuno o qualcosa".

Mi piace l'espressione "certezza incrollabile".

Se sei salvato, già confidi nel Signore per la tua salvezza. Hai la certezza che il Signore è fedele alla Sua promessa. Hai piena fiducia in Lui.

La nostra fiducia nel Signore è anche una certezza che Egli sarà fedele nel portare a termine l'opera buona che ha iniziato in noi attraverso le nostre aziende.

Con Tutto il Tuo Cuore

È qui che molti di noi si bloccano o esitano. Hai notato che Salomone, mentre scriveva questo versetto sotto l'unzione divina dello Spirito Santo, non ha detto:

- "Confida in Me con tutto il tuo denaro!"
- "Confida in Me con tutti i tuoi piani aziendali!"
- "Confida in Me con tutte le tue ricerche di mercato!"
- "Confida in Me con tutta la tua mente!"
- "Confida in Me con tutte le tue emozioni!"

L'elenco potrebbe continuare all'infinito, ma hai capito il senso.

È fondamentale ricordare a sé stessi che tutto ciò che si fa negli affari riguarda il cuore. Si tratta del modo in cui permetti a Dio di influenzare, trasformare e plasmare il tuo cuore per la Sua gloria. Eppure, spesso, le pressioni del mondo degli affari ti circondano, i tuoi concorrenti ti attaccano, il mercato è ostile nei tuoi confronti, le difficoltà nella catena di approvvigionamento ti sfidano e persino i tuoi dipendenti potrebbero respingerti.

È facile perdere il controllo del nostro cuore e tornare alla nostra carne come leader d'azienda. Questo è esattamente il motivo per cui questo versetto e questa pratica sono così fondamentali per il tuo successo e la tua importanza negli affari. Tutto dipende dal tuo cuore e dal confidare nel Signore con tutto te stesso... non solo per una piccola parte della domenica mattina.

Non Appoggiarti sul Tuo Discernimento

Non ho tutte le risposte e, onestamente, nemmeno tu. Anche quando pensiamo di averle, spesso le nostre conclusioni sono incomplete, fuorvianti e difficili da mettere in pratica.

Per due decenni ho ritenuto che il mio ruolo nel mondo degli affari fosse quello di leggere, studiare, analizzare e condividere informazioni. Lo facevo attraverso libri, conferenze, coaching e consulenze, per spiegare come le grandi aziende riuscissero a eccellere in quello che facevano. Nel corso degli anni, molti clienti mi hanno detto: "Non mi interessa cosa pensa questo o quell'altro esperto di business; ti pago per sapere quello che pensi TU!" Era facile diventare saggio ai miei stessi occhi.

Eppure, nonostante i miei libri premiati e la mia lista impressionante di clienti, nel profondo sapevo di non sapere poi così tanto. La mia speranza era che nessuno potesse vedere attraverso la mia facciata e scoprire quanto disperatamente poco sapessi, perché questo avrebbe rovinato la *mia* attività.

Proprio come me, non riuscirai mai a capire tutto quello che c'è da sapere per far crescere la tua azienda fino all'impatto eterno che Dio desidera che tu abbia.

Riconoscilo in *Tutte* le Tue Vie

Cosa significa *"tutte"*?

Significa... TUTTE!

Tutto significa tutto. Non una parte. Non solo qualche aspetto. Non solo iniziare una riunione con una preghiera. Non solo pregare per avere più prosperità. Non solo invocarlo nei momenti di difficoltà, di crisi finanziaria o di infortunio dei dipendenti.

Tutto ... significa tutto.

Tutto.

Perché ripeto l'ovvio? Perché, a volte, l'ovvio non è così ovvio. Sappiamo che *dobbiamo* fidarci del Signore in tutto. Per me è stato più facile farlo nella mia famiglia, nel mio matrimonio e con i miei figli... anche nel servire la mia chiesa.

Ma ammetto che, nel corso degli anni, ho lottato con *tutto questo* nel mio lavoro. Solo ora posso dire con certezza che Gesù possiede veramente ogni aspetto della mia attività. Ora che è Lui a gestire tutto, non devo più appoggiarmi alla mia comprensione. Ora mi affido totalmente alla Sua comprensione.

Egli Guiderà i Nostri Sentieri

La parola *"dirigerà"* indica qualcosa che sicuramente accadrà in futuro. Il Signore non ha detto che ...

- Potrebbe farlo
- Lo farà solo quando avrà tempo
- Lo farà solo se entri nella Sua *lista dei buoni*
- Interverrà solo quando le cose diventeranno troppo difficili per te
- Lo farà dopo che ci avrà pensato
- Lo farà quando ne avrà voglia
- Lo farà dopo che avrai raggiunto un certo livello di maturità spirituale

Dichiara questo ad alta voce: "LUI GUIDERÀ I MIEI PASSI!"
Dillo ancora.
Andiamo. Non c'è più nessuno intorno a te. Dillo di NUOVO!
Guidare i tuoi passi... la ricompensa suprema!

Devi fidarti di ciò che senti dentro di te attraverso la tua conoscenza interiore e non dubitare.

4.5. Indossa L'Armatura

> *Del resto, fratelli miei, fortificatevi nel Signore e nella forza della Sua potenza. Rivestitevi della completa armatura di Dio, affinché possiate stare saldi contro le insidie del diavolo. Poiché il nostro combattimento non è contro sangue e carne, ma contro i principati, contro le potenze, contro i dominatori di questo mondo di tenebre, contro le forze spirituali della malvagità, che sono nei luoghi celesti. Perciò, prendete la completa armatura di Dio, affinché possiate resistere nel giorno malvagio, e restare in piedi dopo aver compiuto tutto il vostro dovere.*
>
> —Efesini 6,10-13

Satana è il principe di questo mondo. Ha il controllo primario sui meccanismi degli affari. Quando scatenerai il tuo vantaggio ingiusto, il nemico ti inseguirà! È una certezza. Puoi contarci.

Nel suo libro *Silence Satan: Shutting Down the Enemy's Attacks, Threats, Lies, and Accusations*, Kyle Winkler afferma:

> Le armi che ci vengono date come parte dell'armatura di Cristo ci aiutano nel nostro modo di pensare. Satana irrompe nella nostra vita con argomentazioni sul perché Dio non può usarci, perché non saremo mai guariti o perché i nostri peccati sono troppo grandi per essere perdonati. Questi dubbi e scoraggiamenti sono gli ostacoli che usa per impedirci di vivere una vita di vittoria.[1]

Lo stesso si può dire della tua vita professionale. Quando inizierai a sfruttare il tuo vantaggio ingiusto sul mercato, il nemico lancerà tutto ciò che ha contro di te e la tua squadra.

Nella descrizione di Paolo dell'armatura, vorrei che ti concentrassi su tre pensieri significativi:

1: L'Armatura Completa

Un'armatura parziale è inutile. Immagina un soldato che entra in battaglia senza elmetto, zaino, stivali o arma. Allo stesso modo, immagina un 2%er che entra nel campo di battaglia del mercato, controllato dal nemico, senza l'armatura completa attaccata e pronta per ogni attacco nemico.

I sei pezzi dell'armatura completa sono...

- **Cintura della Verità** – La Parola di Dio, su cui si agganciano tutte le altre armi
- **Corazza della Giustizia** – Per proteggere il cuore e l'anima e segno visibile della tua protezione davanti al nemico
- **Elmo della Salvezza** – Per proteggere la mente, le orecchie e i pensieri
- **Scarpe della Prontezza del Vangelo della Pace** – Ti danno stabilità, fermezza e sicurezza, impedendo al nemico di farti vacillare
- **Scudo della Fede** – Per bloccare i dardi infuocati del nemico e per proteggere l'intero corpo dagli attacchi
- **Spada dello Spirito** – La Parola di Dio, l'unica arma di attacco

L'ammonimento di Paolo è di indossare l'*intera* armatura, non solo un pezzo o due. Senza l'intero equipaggiamento protettivo, saresti vulnerabile e il nemico il nemico troverà il tuo punto debole e lo userà per attaccarti, la sua tipica tattica.

Renditi conto che cinque dei pezzi sono un equipaggiamento protettivo; solo uno è un'arma d'attacco. Se si tratta di una potenziale guerra spirituale contro di te e la tua azienda, perché ti limiti a una sola arma di attacco? Continua a leggere.

2: Resta Saldo

Quattro volte, nella descrizione dell'armatura completa (Efesini 6,10-20), Paolo afferma che dobbiamo stare saldi, non combattere. Questo mi affascina. Perché dovremmo indossare un'armatura... se non dobbiamo combattere?

Winkler offre una magnifica visione del motivo per cui Paolo ci insegna a prendere posizione. Egli insegna che lo scopo di indossare l'intera armatura è...

> ...trovare forza nella potenza del Signore, affinché tu possa stare saldo. Egli (Paolo) non dice di indossare l'armatura per combattere, ma affinché, nel Signore, tu possa mantenere salda la tua identità in Cristo contro le forze del male che cercano di distruggerti.[2]

Mentre indossi l'armatura, renditi conto che il tuo obiettivo non è tanto marciare in battaglia, quanto piuttosto avvolgerti nella potenza del Signore per restare saldo (ecco di nuovo... resta saldo) alle astuzie e agli inganni del nemico.

3: Astuzie

Nel Giardino dell'Eden, il nemico ha messo in atto sottili menzogne e inganni per ingannare Eva e Adamo (Genesi 3). Ha tentato la stessa cosa con Gesù durante i 40 giorni di tentazione (Matteo 4). Le tattiche del nemico non sono cambiate in 6.000 anni. Farà lo stesso con te.

Ecco alcuni pensieri che potrebbe insinuarti nella mente:

- "Non sei in grado di farlo."
- "Non hai la squadra o le risorse necessarie."
- "È la cosa più folle che tu abbia mai provato."
- "Distruggerà la tua azienda."

- "Nessuno sarà d'accordo con te."
- "Hai perso la testa?"
- "Cosa penseranno i tuoi concorrenti?"
- "Perderai un sacco di soldi e persino la tua azienda."
- "Nessuno ti seguirà."
- "Non sei un leader abbastanza forte per riuscirci."
- "Sei davvero, davvero sicuro che questo venga da Dio? Sei sicuro?"
- "Non starai facendo sul serio... vero?"
- "Stai solo leggendo questo folle libro sul business e stai commettendo l'errore di lasciarti guidare dagli esperti, proprio come dice quell'autore sconsiderato."

Hai capito bene.

E molti di questi sono l'artiglieria leggera del nemico rispetto alle bombe nucleari che potresti subire.

Non sarai sempre sotto attacco, ma quando inizi a essere un leader aziendale guidato dallo Spirito, devi essere pronto e indossare l'armatura completa.

Ecco perché è di fondamentale importanza, mentre ti preparai a scatenare il tuo vantaggio competitivo ingiusto, indossare ogni giorno l'armatura completa, in modo da poter prendere posizione grazie alla forza di Cristo, non alla tua.

È come la vecchia storia che tutti abbiamo sentito in chiesa della signora anziana che vede il diavolo bussare alla sua porta. Poi si gira con calma e dice ad alta voce: " Gesù, c'è qualcuno per Te!"

Un'Ultima Cosa: Il Nemico Deve Fuggire

Sottomettetevi dunque a Dio; resistete al diavolo, ed egli fuggirà da voi.

—Giacomo 4,7

Quando ordini al nemico di lasciare la tua azienda nel nome di Gesù, lui DEVE obbedire! Non ha scelta!
Punto e basta!
Nessuna eccezione!
Pertanto:

- Non combattere il diavolo sul suo terreno. Ricordagli che è già stato sconfitto, opponigli resistenza e lui *dovrà* fuggire; non ha scelta!
- Non combattete una guerra spirituale con le tue sole capacità mentali. Affrontala con la Parola di Dio, proprio come fece Gesù (Matteo 4,1-11).
- Non lasciarti spaventare dal pensiero che il nemico ti insegua, "perché colui che è in voi è più grande di colui che è nel mondo" (1 Giovanni 4,4).
- Non permettere al nemico di restare intorno a te o alla tua squadra. Ordinagli di andarsene e se ne andrà!

In sintesi, ricorda...

- È più di una semplice preghiera.
- È più di una voce interiore.
- Sii pienamente devoto.
- Confida nel Signore.
- Indossa l'armatura ogni giorno.

Una volta che avrai abbracciato queste cinque fasi di preparazione, sarai pronto a scatenare la potenza dello Spirito Santo nella tua azienda.

Non leggere o saltare a caso questi passaggi. Imprimili nel profondo del cuore e dell'anima prima di lanciarti nel tuo vantaggio competitivo ingiusto. Così facendo, getterai una solida base affinché lo Spirito Santo si manifesti con potenza attraverso la tua azienda!

Discussione di Gruppo

Perché è importante prendersi del tempo per prepararsi a essere guidati dallo Spirito Santo piuttosto che buttarsi a capofitto?

Quali sono state le tue risposte alle domande sulla consapevolezza personale e aziendale?

Quale delle fasi di preparazione è la più importante per te in questo momento? Perché?

---

[1] Kyle Winkler, *Silence Satan: Shutting Down the Enemy's Attacks, Threats, Lies, and Accusations* (Lake Mary, FL: Passio, 2014), p. 150.

[2] Ibid., p. 142.

5

LIBERA IL TUO VANTAGGIO INGIUSTO

Ma riceverete potenza quando lo Spirito Santo verrà su di voi.

—Atti 1,8a

HAI DECISO DI FARE IL GRANDE CAMBIAMENTO.
Conosci i potenziali ostacoli.
Ti sei preparato per ciò che ti aspetta.
Ora sei pronto!

Questa sezione ti guiderà attraverso sei chiavi per liberare il tuo vantaggio ingiusto. Ti consiglio di applicarle nell'ordine in cui sono presentate, perché si costruiscono una sull'altra, creando un processo potente.

Ecco come suggerisco di applicare questa sezione.

Innanzitutto, leggi tutte e sei le chiavi senza prendere appunti. Assorbi il flusso, il contenuto e il loro impatto.

Poi, leggi una sezione alla volta e completa i brevi esercizi di ogni sezione. Ti consiglio di concentrarti su una sezione al giorno. Non avere fretta. Lascia che lo Spirito Santo inculchi profondamente queste verità nel tuo spirito.

Infine, una volta che ti sarai preso abbastanza tempo per permettere allo Spirito Santo di rafforzare queste verità, sarai pronto a passare al capitolo 6: "Continua Così".

5.1. Pratica

Praticare (v.): fare qualcosa ripetutamente per migliorare; fare (qualcosa) regolarmente o costantemente come parte ordinaria della propria vita.

La prima chiave per liberare la potenza dello Spirito Santo nella tua azienda è la pratica.

Chiunque abbia praticato sport a livello agonistico comprende l'assoluta necessità di esercitarsi. Gli atleti professionisti di qualsiasi sport dedicano centinaia, persino migliaia di ore a un allenamento duro e intenso per raggiungere il massimo livello di eccellenza.

Nel mondo degli affari, i programmi di formazione e sviluppo professionale includono molte sessioni di pratica prima che i dipendenti possano applicare ciò che hanno appreso. Le aziende di servizi professionali investono molto tempo per insegnare ai propri operatori come gestire le chiamate con i clienti prima di farli lavorare sul campo. I formatori professionali di vendita organizzano simulazioni per insegnare ai venditori come ascoltare e convincere i potenziali clienti.

Nel mio libro *The Impacter: A Parable on Transformational Leadership,* insegno che la fiducia (fiducia nelle proprie capacità) deriva dalla competenza (profondità delle proprie abilità sviluppate nel tempo). Più fai pratica, più diventi competente. Più sei competente, più acquisisci fiducia nelle tue capacità.

Lo stesso principio vale quando vogliamo liberare la potenza dello Spirito Santo nelle nostre aziende.

Ecco tre ottimi modi per fare pratica: identificare il testimone interiore, iniziare in piccolo e perfezionare.

Identifica il Testimone

Il tuo pastore o insegnante condivide una potente verità e qualcosa dentro di te ti dice: "Sì! È una cosa buona! È giusto!" Potresti anche dirlo ad alta voce, come faccio spesso io!

Quando lo Spirito Santo sente una verità, la conferma dentro di te. Il tuo spirito percepisce la verità appena detta.

Questa è la tua testimonianza interiore.

Lo stesso Spirito che ti parla in chiesa è con te anche al lavoro.

È di fondamentale importanza continuare a esercitarsi a percepire la propria testimonianza interiore, anche se si è già pienamente in contatto con lo Spirito Santo dentro di sé.

Non possiamo mai esercitarci troppo a percepire la testimonianza interiore!

Rifletti sui momenti del lavoro in cui il tuo testimone, la tua conoscenza interiore, era in totale pace. È stato quando...

- Hai avviato la tua attività?
- Hai lanciato un grande progetto?
- Hai assunto nuovo personale?
- Hai cambiato un fornitore?
- Hai acquistato un'attrezzatura costosa?
- Hai firmato un contratto?
- Hai sfidato un dipendente a fare un passo avanti e a lavorare al massimo delle sue potenzialità?
- Hai firmato un contratto con un consulente o un coach?

Poi, ci sono momenti in cui si può guardare indietro e dire: "*Sapevo che non* avrei dovuto farlo."

- Avviare la tua attività?
- Lanciare quel grande progetto?
- Assumere quelle persone?
- Cambiare quel fornitore?
- Acquistare quell'attrezzatura?
- Firmare quel contratto?
- Sfidare quel dipendente a fare un passo avanti?
- Affidarti a quel consulente?

In tutti questi casi, è molto probabile che lo Spirito Santo fosse già all'opera dentro di te, esortandoti a prendere le decisioni giuste e mettendoti in guardia da quelle sbagliate.

È necessario uno sforzo mirato e intenzionale per identificare continuamente il testimone interiore. Se non sei intenzionato a cercare sempre la testimonianza interna dello Spirito Santo per confermare le buone decisioni aziendali, ricadrai rapidamente in tutti i modi di essere guidato dal mondo.

Più ti eserciti, più diventerà facile identificare la guida dello Spirito Santo.

Inizia in Piccolo

> *Dacci oggi il nostro pane quotidiano.*
>
> —Matteo 6,11

Questo modo di esercitarsi è ottimo se stai iniziando a imparare a discernere la voce dello Spirito Santo. Lascia che ti dia un esempio di quanto sia facile iniziare in piccolo. Quando ho scoperto per la prima volta questo concetto della *pratica*, ho iniziato proprio dalle cose più semplici. Un'esperienza in particolare mi è rimasta impressa.

Parlo spesso alle aziende e ai gruppi ecclesiastici del nostro vantaggio ingiusto. Uno degli esempi più popolari che condivido riguarda l'ordinare un pasto al ristorante. Ecco cosa insegno.

Tutti noi abbiamo un ristorante preferito, dove ordiniamo quasi sempre gli stessi piatti. La prossima volta che andrai in quel ristorante, invece di ordinare quello che ordini sempre (uno dei tuo piatti preferiti), fermati, guarda il menu e chiedi allo Spirito Santo: "Cosa mi suggerisci di ordinare?"

Perché ti suggerisco di fare questa pratica la prossima volta che andrai al ristorante?

- Lo Spirito Santo conosce già i tuoi piatti preferiti.
- Lui sa anche se ci sono altri piatti che ti piacerebbero ma che non hai mai provato!
- Può persino evitarti di scegliere un cibo poco salutare o contaminato.

Di recente ho predicato un messaggio nella mia chiesa di origine e ho usato questo del ristorante come un modo semplice per esercitarsi ad ascoltare la Sua voce. La domenica successiva, una giovane donna che aveva ascoltato il mio messaggio è corsa da me con una potente testimonianza.

Mi ha detto che ha uno stomaco molto, molto sensibile e che la sua reazione alla maggior parte dei cibi le provoca un dolore fisico estremo e persino giorni di malessere. Dopo aver ascoltato il mio messaggio, lei e suo marito sono andati nel loro ristorante preferito. Perché questo ristorante? Sapeva che il loro menu comprendeva due piatti che non le avrebbero causato dolore allo stomaco.

Ma questa volta ha guardato il menu e ha chiesto allo Spirito Santo: "Ok, metterò in pratica ciò che Jim ha insegnato oggi. Spirito Santo, cosa devo ordinare?"

Ha corso il rischio e si è affidata allo Spirito Santo in questa decisione..

A questo punto della sua testimonianza, i suoi occhi hanno cominciato a brillare, un enorme sorriso le è apparso sul viso, e ha esclamato con entusiasmo: "Ho ordinato qualcosa che non avevo mai provato prima e NON HO AVUTO ALCUN PROBLEMA DI

STOMACO! Ora So che posso andare in QUALSIASI ristorante e lo Spirito Santo mi mostrerà un pasto buono e delizioso. Mi hai aperto un mondo completamente nuovo di opzioni alimentari!"

Era entusiasta.

Ovviamente non sono stato io a fare questo, ma è stato il suo atto di fiducia nello Spirito Santo, iniziando da una cosa piccola.

Come puoi iniziare in piccolo nel tuo lavoro? Ecco alcune domande che puoi fare allo Spirito Santo:

- "Dovrei incontrare questa persona oggi o in un altro momento?"
- "Dovrei partecipare a questa riunione?"
- "Dovrei chiamare questo cliente?"
- "Dovrei aggiungere questo servizio o prodotto alla mia azienda?"
- "Dovrei farlo ora o più tardi?"
- "Dovrei arrivare presto domattina o fermarmi fino a tardi stasera per finire questo progetto?"

A questo elenco di base se ne potrebbero aggiungere altre decine, ma l'idea è chiara. Le possibilità di iniziare in piccolo sono infinite.

Ti incoraggio a iniziare con piccole opportunità a basso rischio per esercitarti e acquisire fiducia nell'identificare il testimone dentro di te. Fidateti di me... Egli gioirà nel vederti cercarlo intenzionalmente e si farà conoscere sempre di più man mano che farai pratica.

Affina la Sintonia

Sei circondato da una grande quantità di rumore spirituale. Satana cerca di parlarti in continuazione, bombardandoti con un flusso incessante di messaggi e distrazioni provenienti dal mondo sotto il suo controllo.

Quando inizierai a esercitarti, sperimenterai alcuni successi ("ordina quel piatto") e alcuni fallimenti. Spesso impariamo di più dai fallimenti che dai successi. Con la pratica, dobbiamo imparare ad affinare la sintonia, ovvero a trarre insegnamento sia dai successi che dagli insuccessi per migliorare la nostra capacità di discernere la voce dello Spirito Santo.

Sono guidato dallo Spirito Santo a condividere due delle mie storie di vita più significative che mi hanno aiutato a imparare ad affinare le mie orecchie spirituali per discernere meglio la voce dello Spirito Santo che opera in me.

Innanzitutto, lasciami condividere il grande successo. Lo stai tenendo tra le mani!

Anche se avevo quasi finito di scrivere il libro successivo della serie *The Impacter*, ho incontrato un ostacolo. Inizialmente non ero sicuro se fosse un limite autoimposto o un blocco voluto dallo Spirito.

Ho subito capito che si trattava della testimonianza dello Spirito e non di un limite posto dalla mia carne o da un attacco del nemico (ecco la pratica in azione).

Una mattina, mentre chiedevo allo Spirito Santo cosa dovevo fare, mi ha detto (non con una voce udibile, ma con una conoscenza interiore): "Scrivi un libro per insegnare al Mio popolo nel mondo degli affari ciò che ho insegnato a te per ascoltare la Mia voce."

Ho immediatamente accantonato il libro che stavo scrivendo e ho iniziato a scrivere *Il Nostro Vantaggio Ingiusto*.

Mentre scrivo questo manoscritto sotto la guida dello Spirito Santo, è senza dubbio il libro più atteso di tutti i miei 14 libri precedenti!

Questo è stato il lavoro più appagante, entusiasmante e importante della mia vita.

Solo grazie alla pratica precedente ho avuto la certezza che questo fosse davvero lo Spirito Santo. E ho obbedito immediatamente.

IL NOSTRO VANTAGGIO INGIUSTO

Ora lascia che ti racconti un grande fallimento.

Alcuni anni fa, io e mia moglie siamo andati a trovare nostro figlio nella sua scuola cristiana maschile, in un altro Stato. L'ultimo giorno di questa visita, ho indossato uno dei miei beni più preziosi: una polo da basket nuova di zecca dell'Università di Louisville, regalatami da mia sorella e mio fratello. Essendo cresciuto in una piccola città appena a sud di Louisville, nel Kentucky, e avendo giocato a pallacanestro per tutto il liceo, sono un grandissimo fan di quella squadra.

Erano passati 18 anni da quando l'Università di Louisville aveva vinto il suo primo campionato nazionale, quindi indossare quella maglietta mi dava una grande gioia.

Pochi minuti prima partire, uno degli amici di nostro figlio si è avvicinato a noi e abbiamo iniziato a chiacchierare. Questo ragazzo di 17 anni, alto e magro, ha fatto un salto di gioia vedendo la mia maglietta. Era di Louisville e, come me, era un grande tifoso della squadra. Abbiamo parlato dei giocatori, del campionato e di quanto fossimo felici di essere di nuovo campioni nazionali.

All'improvviso, ho sentito una voce dentro di me, non una voce udibile, ma il mio testimone interiore, che mi diceva: "Dagli la tua maglietta!"

La mia prima reazione è stata: "Questa non può essere la voce del Signore. Perché dovrei regalare questa maglietta nuova a un ragazzo che nemmeno conosco?"

Mentre il ragazzo si allontanava, ho sentito di nuovo: "Dagli la tua maglietta. Hai tante altre magliette pulite nel bagagliaio della tua auto."

La verità è che ho esitato, ho salutato nostro figlio e me ne sono andato... indossando ancora la mia preziosa maglietta.

Dopo pochi minuti di viaggio, mi sono rivolto a mia moglie, Brenda, e le ho raccontato l'accaduto. Lei è stata subito d'accordo con lo Spirito Santo, avrei dovuto dare la maglietta al ragazzo.

Tuttavia, invece di tornare indietro, ho guidato fino a casa nostra. Appena arrivati a casa, ho lavato la maglietta, l'ho spedita al ragazzo di Louisville e ho incluso un biglietto in cui ammettevo che la mia obbedienza ritardata era stata un errore. Gli ho scritto che mi ero pentito davanti al Signore, gli ho chiesto di perdonarmi e ho pregato affinché quella maglietta fosse per lui una benedizione.

Mio figlio mi ha detto poi che il ragazzo amava così tanto quella maglia che quasi non la toglieva mai.

Per me questa è stata un'esperienza che mi ha fatto dire: "*Sapevo che avrei dovuto dargli la maglietta.*" Come te, tutti noi abbiamo vissuto momenti simili nelle nostre carriere.

Durante il mio fallimento, ho imparato molte lezioni preziose, tra cui:

- Come riconoscere la voce chiara e distinta dello Spirito Santo
- Agire immediatamente quando ricevo un'istruzione
- Sperimentare la benedizione dell'obbedienza immediata, invece del peso dell'obbedienza ritardata.

Identifica il tuo testimone. Inizia con piccoli passi. Poi, affina la sintonia.

Ci vuole pratica, molta pratica consapevole.

Col tempo, la pratica rafforzerà le tue orecchie spirituali per ascoltare i sussurri dello Spirito Santo che parlano più chiaramente dentro di te.

Ecco un piano d'azione per aiutarti a iniziare la tua pratica.

Piano d'Azione: *Pratica*

Elenca cinque decisioni importanti che devi prendere per la tua azienda. Rispondi alle domande mentre ascolti la Sua voce che ti guida. Annota ciò che impari.

IL NOSTRO VANTAGGIO INGIUSTO

Decisione #1: _____

Come hai iniziato ad ascoltare?

Come hai affinato la sintonia?

Cosa hai imparato?

Decisione #2: _____

Come hai iniziato ad ascoltare?

Come hai affinato la sintonia?

Cosa hai imparato?

Decisione #3: _____

Come hai iniziato ad ascoltare?

Come hai affinato la sintonia?

Cosa hai imparato?

Decisione #4: _____

Come hai iniziato ad ascoltare?

Come hai affinato la sintonia?

Cosa hai imparato?

Decisione #5: _____

Come hai iniziato ad ascoltare?

Come hai affinato la sintonia?

Cosa hai imparato?

5.2. Verifica Prima Di Agire

> *Verifica (s.): arresto improvviso di un corso o di un progresso; pausa o interruzione improvvisa di una progressione; l'atto di testare o verificare.*

La seconda chiave per liberare la potenza dello Spirito Santo nella tua azienda è verificare prima di agire.

Il modo in cui le persone prendono le decisioni mi ha sempre affascinato. Cosa influenza le persone a prendere le decisioni che prendono? In che modo i messaggi persuasivi e i fattori ambientali influiscono sul processo decisionale?

Durante i miei studi universitari in comunicazione umana, mi sono concentrato sulle variabili interpersonali e psicologiche nel processo decisionale nei gruppi ristretti. Ho dedicato anni di studio e ricerca approfonditi su temi come...

- La ricerca del consenso
- Gli stili di leadership e uso del potere nei gruppi
- Le dinamiche della comunicazione non verbale
- La comunicazione interrazziale e interculturale
- Il pensiero di gruppo

- La retorica di Aristotele, compresi gli effetti di ethos, pathos e logos
- Il potere del ragionamento deduttivo, induttivo e analogico
- L'impatto dell'ansia da comunicazione nel processo decisionale nelle diadi di risoluzione dei problemi maschili e femminili

Credici o no, quest'ultimo punto è stato l'argomento della mia tesi di laurea magistrale che della mia dissertazione di dottorato. Ottime letture per chi soffre di insonnia!

Dopo così tanti anni di studio approfondito, imparando da alcune delle più grandi menti accademiche del mondo e da molteplici pubblicazioni professionali, ora guardo indietro con una conclusione fondamentale...

Ho sbagliato tutto!

Negli ultimi 20 anni ho studiato come il più grande leader e maestro nelle decisioni di tutti i tempi, Gesù, faceva le sue scelte.

Il più grande leader e mente imprenditoriale di tutti i tempi ha mai...

- Cercato il consenso o chiesto un voto di maggioranza tra i suoi discepoli?
- Riflettuto sulle opere di Socrate, Aristotele o Platone?
- Analizzato a fondo le dinamiche interpersonali delle sue parole?
- Organizzato gruppi di discussione con i clienti per scoprire tendenze e preferenze?
- Consultato esperti costosi per ottenere la loro saggezza?

No, Gesù aveva un processo decisionale completamente nuovo, innovativo e mai visto prima.

Prima di ogni decisione, in ogni situazione, verificava con lo Spirito di Dio prima di agire.

> Allora Gesù rispose e disse loro: "In verità, in verità vi dico: il Figlio non può fare nulla da sé, ma solo ciò che vede fare dal Padre; perché le cose che fa il Padre, anche il Figlio le fa allo stesso modo. Poiché il Padre ama il Figlio, e gli mostra tutte le cose che egli stesso fa; e gli mostrerà opere più grandi di queste, affinché ne restiate meravigliati." (Giovanni 5,19-20)

Gesù verificava sempre con lo Spirito di Dio Padre, lo Spirito Santo!

> Perché io non ho parlato di mio; ma il Padre, che mi ha mandato, mi ha comandato lui quello che devo dire e di cui devo parlare. so che il suo comandamento è vita eterna. Le cose dunque che io dico, le dico così come il Padre me le ha dette. (Giovanni 12,49-50)

> "Non credi tu che io sono nel Padre e che il Padre è in me? Le parole che io vi dico, non le dico di mio, ma il Padre che dimora in me fa le opere sue." (Giovanni 14,10)

Gesù verificava sempre dentro di sé prima di dire o fare qualsiasi cosa.

Ecco tre semplici modi per esercitarti a verificare prima di agire: rallenta, blocca le influenze esterne e fai un'ultima verifica.

Rallenta

Hai mai sentito una di queste frasi nel mondo degli affari?

- "È il più veloce che mangia il più lento."
- "Muoviti in fretta o sei fuori."
- "È urgente."
- "Mi serviva ieri."
- "Accelera, non rallentare."
- "Non lavorano abbastanza velocemente."
- "Non abbiamo tutto il giorno."
- "Sbrigati!"
- "Fallo e basta!"

Nel mondo degli affari, siamo bombardati ogni giorno e ogni ora da compiti o decisioni apparentemente fondamentali che *devono* essere portati a termine *subito*. Fin troppo facilmente ci rassegniamo alla falsa convinzione: "Beh, così vanno gli affari."

Anch'io, troppe volte, sono caduto in questa stessa trappola. Quando gestivo una piccola impresa di costruzioni di case, la pressione per ottenere un anticipo dalla banca per pagare la mia squadra di carpentieri mi costringeva a saltare da una casa all'altra, completando le fasi più rapide per ottenere il finanziamento il prima possibile. Il proprietario dell'azienda non ha mai capito perché saltassi da una casa all'altra in un ordine che sembrava casuale, piuttosto che finire una casa e poi passare alla successiva.

Ripensandoci, ero totalmente guidato dal denaro e mi affrettavo a ottenere il più velocemente possibile il finanziamento. Ma avevo stipendi da pagare (compreso il mio) e fornitori da saldare, e non sapevo cos'altro fare.

Ora vorrei che qualcuno mi avesse insegnato a rallentare, proprio come faceva Gesù.

> Allora gli scribi e i farisei gli condussero una donna colta in adulterio; e, postala in mezzo, gli dissero: "Maestro, questa donna è stata colta in flagrante adulterio. Ora Mosè, nella legge, ci ha comandato di lapidare tali donne. Tu, dunque, che ne dici?" Or dicevano questo per metterlo alla prova, affinché

avessero di che accusarlo. Ma Gesù, chinatosi, scriveva con il dito per terra. E siccome continuavano a interrogarlo, egli si alzò e disse loro: "Chi di voi è senza peccato, scagli per primo la pietra contro di lei." Poi, chinatosi di nuovo, continuò a scrivere per terra. Essi allora, udito ciò e sentendosi accusati dalla loro coscienza, uscirono uno per uno, cominciando dai più vecchi fino agli ultimi; e Gesù fu lasciato solo con la donna che stava là in mezzo. (Giovanni 8,3-9)

Immagina la scena. I capi religiosi irruppero nel cortile del tempio, dove Gesù stava insegnando a una grande folla, umiliando pubblicamente una donna e pretendendo davanti a tutti che Gesù desse loro una risposta immediata alla loro domanda.

Tutti potevano vedere che quegli uomini facevano sul serio, letteralmente, perché portavano pietre in mano, minacciando di uccidere la donna o forse Gesù stesso.

Costrinsero Gesù a un dilemma: obbedire alla Legge e farla lapidare, oppure infrangere la Legge e lasciarla andare.

Come reagì Gesù di fronte questa situazione di vita o di morte?

Si inginocchiò e scrisse sulla terra con il dito... e non disse nulla!

Questo fece infuriare ancora di più gli uomini. Si poteva percepire la loro ingiusta indignazione quando pretesero di nuovo che Gesù rispondesse alla loro domanda: "Allora? La uccidiamo o la lasciamo libera? Opzione A o opzione B? Rispondici... ORA!"

Come reagì Gesù a questa seconda e ancora più intensa situazione di pericolo di vita?

Continuò a scrivere per terra.

Quando e solo quando Gesù fu pienamente pronto a rispondere, si alzò e dichiarò (parafrasando): "Io dico Opzione C... Andate avanti e uccidetela, ma solo se siete senza peccato." Poi si inginocchiò di nuovo e continuò a scrivere sulla terra.

Cosa stava facendo Gesù quando si inginocchiò per la prima volta? Perché lo fece? Perché reagì in quel modo? Perché non disse nulla?

Credo che si sia fermato per chiedere allo Spirito Santo dentro di Lui: "Spirito, cosa vuoi che io dica e faccia?"

Credo che abbia fatto esattamente ciò che lo Spirito gli ha ordinato di fare. Le sue istruzioni potrebbero aver incluso: "Fai una pausa qui per l'effetto. Facciamo in modo che tutti sentano la pressione un po' più intensamente."

Non c'è un modo terreno e razionale per arrivare alla Sua risposta. Era soprannaturale. Solo lo Spirito Santo poteva dargli questa risposta.

L'unica spiegazione logica per questa reazione incredibile è che provenisse da un Dio incredibile, fuori da ogni schema terreno.

Proprio come Gesù ha rallentato per ascoltare lo Spirito in una circostanza di pericolo di vita, anche tu puoi rallentare e ascoltare lo Spirito in qualsiasi situazione aziendale che devi affrontare.

Blocca le Influenze Esterne

Gli uomini che circondavano Gesù pretendevano una risposta immediata. La loro pressione veniva dall'esterno.

Se Gesù avesse permesso alla pressione della situazione di guidarlo, avrebbe potuto prendere una decisione rapida e terribile. Invece, ha scelto di farsi guidare dall'interno, dove regna lo Spirito.

Tutti noi, nel mondo degli affari, abbiamo sentito questa pressione. Siamo stati tutti spinti a fare cose come...

- Firmare un contratto prima della data di scadenza

- Assumere una persona per riempire un posto vacante, anziché per far crescere realmente l'azienda

- Concedere troppo profitto pur di chiudere un affare

- Prendere una decisione in fretta durante una riunione, solo perché gli altri si aspettavano una risposta immediata

- Accettare di partecipare a una riunione o a un pranzo, anche quando non ne avevi voglia, tempo o risorse

- Mettere insieme una proposta commerciale frettolosa e superficiale, solo perché il cliente la voleva subito.

Questo è la mia lista, un elenco di situazioni in cui mi sono lasciato guidare dalla pressione e non ho bloccato le influenze esterne. Forse anche tu puoi riconoscerti in alcune di queste esperienze.

Forse potresti chiederti: "Quindi, Jim, ci stai dicendo di ignorare tutto quello che accade all'esterno e basarci solo su ciò che sentiamo dentro prima di prendere una decisione aziendale?" No, assolutamente no.

Dio ci ha dato una mente con la capacità di leggere, ricercare, analizzare, riflettere, raccogliere fatti, valutare e sondare. Egli si aspetta che usiamo la nostra intelligenza umana data da Dio al meglio delle nostre capacità per capire tutto ciò che possiamo.

Ma quando hai fatto tutto il possibile, prima di prendere la decisione finale di agire, ascolta di nuovo ciò che viene dall'interno, dove dimora lo Spirito di Dio.

Ricorda, lo Spirito Santo ti guida dall'interno. Il nemico cerca di farti pressione dall'esterno!

Devi sempre dare priorità alla voce dello Spirito Santo, che ti spinge nella giusta direzione, rispetto alle voci esterne che cercano di forzarti a prendere decisioni affrettate.

La Verifica Finale

La *verifica finale* è spesso un rapido controllo per assicurarti di aver ascoltato correttamente lo Spirito Santo. Non è un tentativo di ritardare o rimandare l'azione, ma un incoraggiamento a prendersi il tempo per un'ultima conferma interiore.

Nel mio ministero aziendale, viaggio in aereo in tutti gli Stati Uniti e talvolta anche all'estero per offrire consulenza, tenere conferenze e lavorare con leader d'azienda. Mentre sono seduto in aereo in attesa di decollare, guardo fuori dal finestrino e spesso noto che uno dei piloti ispeziona lentamente la fusoliera, le ali e il carrello di atterraggio dell'aereo, prima del decollo. Per me, come cliente, è rassicurante che il pilota si prenda il tempo di fare un ultimo controllo di alcuni sistemi operativi chiave.

Anche se il volo dovesse partire con qualche minuto di ritardo a causa del controllo di sicurezza del pilota, pensate che mi arrabbierei? Assolutamente no. Sono felice che l'equipaggio prenda sul serio la propria responsabilità e faccia tutto il possibile per garantire la sicurezza dell'aereo.

Raccomando a tutti i miei partner del ministero aziendale di mettere da parte tutti i dati, i rapporti, le carte e gli appunti prima di prendere una decisione importante e di allontanarsi in un luogo tranquillo per chiedere allo Spirito cosa fare.

Spesso questa verifica finale...

- Ti allontana da un ambiente carico di pressioni.
- Ti rassicura sulla decisione migliore.
- Aumenta la tua fiducia e chiarezza interiore riguardo alla bontà della decisione.

A quel punto, puoi agire con una piena sensazione di pace nella tua decisione.

Piano d'Azione: Verifica Prima di Agire

La seconda chiave per liberare la potenza dello Spirito Santo nella tua azienda è *verificare prima di agire*, quindi...

- Rallenta.
- Blocca le influenze esterne.
- Effettua una verifica finale.

Nel corso della prossima settimana, integra queste tre fasi fondamentali nel tuo processo decisionale. Poi, utilizza questo piano d'azione per riflettere su come hai applicato il principio del "verifica prima di agire" per ogni decisione. Questa semplice azione può diventare un'abitudine permanente per rafforzare la tua fiducia nel fatto che lo Spirito Santo stia guidando le tue scelte.

Decisione #1: _____

Come hai rallentato?

Come hai bloccato le influenze esterne?

Cosa ha confermato la verifica finale?

Decisione #2: _____

Come hai rallentato?

Come hai bloccato le influenze esterne?

Cosa ha confermato la verifica finale?

Decisione #3: _____

Come hai rallentato?

Come hai bloccato le influenze esterne?

Cosa ha confermato la verifica finale?

Decisione #4: _____

Come hai rallentato?

Come hai bloccato le influenze esterne?

Cosa ha confermato la verifica finale?

Decisione #5: _____

Come hai rallentato?

Come hai bloccato le influenze esterne?

Cosa ha confermato la verifica finale?

5.3. Cerca Un Testimone

> *Testimone (s.): attestazione di un fatto o di un evento; chi ha una conoscenza personale di qualcosa.*

La terza chiave per liberare la potenza dello Spirito Santo nella tua azienda è cercare un testimone.

Innumerevoli casi penali, negli Stati Uniti, sono stati decisi sulla base della deposizione di un solo testimone, una persona che si trovava sulla scena del crimine e che sa cosa è successo. Attraverso la sua testimonianza, è in grado di confermare la verità della sua esperienza. Indipendentemente dalle prove contrarie, la testimonianza di un solo testimone può facilmente prevalere sulle voci di decine di esperti che non erano presenti.

Lo stesso vale per il tuo spirito, il tuo unico testimone spirituale interno, onnipotente e onnisciente.

Il Vero Testimone

> *Il testimone fedele non mente, ma il testimone falso spaccia menzogne.*
>
> —Proverbi 14,5

Ti è mai capitato che qualcuno ti abbia detto una bugia al lavoro? Un dipendente? Un capo? Un fornitore? Un cliente? Certo che sì. Se lavori da più di 24 ore, qualcuno probabilmente ti ha già detto una piccola o grande bugia.

Ma come hai capito che si trattava di una bugia? Cosa ti ha fatto intuire che quella persona non stesse dicendo la verità? Che cosa ti ha aiutato a capire la menzogna?

La risposta è semplice. Conoscevi già la verità!

Che si trattasse di un insieme di dati finanziari o operativi, di una cronologia della transazione, di un elemento mancante in un rapporto o persino di un'altra persona, qualcosa dentro di te aveva già una percezione della verità. Per questo è stato facile riconoscere l'inganno.

In molti casi, è stato lo Spirito Santo, il vero Testimone che vive dentro di te, a confermare la verità o la falsità di ciò che ti è stato detto.

A volte, però, tutti noi ci lasciamo ingannare. Sentiamo qualcosa e pensiamo: "Cavolo, non lo so. Sembra una cosa buona. È ragionevole. Potrebbe essere vero. Non ne sono sicuro, e non vorrei accusare qualcuno ingiustamente."

Quando veniamo ingannati? Quando ricadiamo nelle vecchie abitudini di essere guidati dalla mente, dalle idee, o dalle emozioni, invece che dallo Spirito.

Come si fa a distinguere il vero testimone dal falso testimone?

Il vero testimone ti dona...

- Pace (Filippesi 4,7)
- Unità (Efesini 4,3)
- Pazienza (Galati 5,5)
- Forza (Efesini 3,16)
- Discernimento (1 Corinzi 2,10.13)
- Gioia (1 Tessalonicesi 1,6)
- Conforto (Atti 9,31)
- Frutti dello Spirito (Galati 5,22-23)

Il falso testimone ti provoca...

- Turbamento
- Disagio
- Ansia
- Debolezza
- Confusione
- Paura
- Incertezza
- Stress

Le tue decisioni migliori contengono più elementi della prima lista che della seconda.

Quando cerchi un testimone per una decisione, tieni a portata di mano questi elenchi per ricordarti come distinguere rapidamente il vero testimone dal falso testimone.

Ricorda che lo Spirito Santo ti guiderà in tutta la verità (Giovanni 16,13). Devi cercare un solo testimone, la vera testimonianza dello Spirito Santo.

Un Solo Testimone è Sufficiente

Lo Spirito Stesso rende testimonianza al nostro spirito che siamo figli di Dio.

—Romani 8,16

Un detto aziendale comune sulla leadership è: "In cima ci si sente soli."

Come leader d'azienda, ogni giorno prendi decine di decisioni. Più alto è il tuo ruolo, maggiore è l'impatto delle tue decisioni sull'azienda. E spesso, più grande è la decisione, minore è il numero di persone che si ha la possibilità di coinvolgere nella decisione.

A volte, nel mondo degli affari, ci si sente soli quando si è al vertice.

E non c'è momento più solitario di quando ti trovi da solo su una questione importante.

Che tu sia in cima o in fondo alla catena di comando dell'azienda, ci saranno momenti in cui dovrai prendere decisioni difficili senza il sostegno di nessuno. In questi momenti, cerca qualcuno che si schieri dalla tua parte, che venga in tuo soccorso e che ti rassicuri sulla tua posizione.

È il momento perfetto per cercare l'unico vero testimone, lo Spirito Santo, perché Lui è sufficiente.

È come un semaforo. Negli Stati Uniti, i semafori hanno tre colori. Rosso significa *fermati*. Giallo significa *rallenta e procedi con cautela*. Il verde significa *vai*.

Nella mia esperienza, lo Spirito Santo a volte dà una luce rossa, a volte una luce gialla e a volte una luce verde.

Ecco, quindi, un modo per cercare un testimone. Se percepisci...

- **Ansia o incertezza** - Fermati, probabilmente è un semaforo rosso.

- **Niente** - Aspetta e continua a cercare. Probabilmente si tratta di una luce gialla.

- **Pace e potere** - Vai avanti e fallo ORA! Hai il via libera dello Spirito Santo per agire!

Due Testimoni Sono Ancora Meglio

È parso bene a noi, riuniti di comune accordo, di scegliere degli uomini e di mandarveli insieme ai nostri cari Barnaba e Paolo.

—Atti 15,25

Infatti, è parso bene allo Spirito Santo e a noi di non imporvi altro peso all'infuori di queste cose, che sono necessarie.

—Atti 15,28

Tuttavia, a Sila parve bene rimanere lì.

—Atti 15,34

Il *dizionario di Strong* definisce il termine testimone come "testimoniare congiuntamente, cioè corroborare con prove (concordanti); rendere testimonianza; essere testimoni insieme". In ciascuno dei versetti sopra citati, i credenti si sono riuniti come co-testimoni della stessa decisione. "È parso bene allo Spirito Santo e a noi" è un esempio perfetto di co-testimonianza. Lo Spirito Santo ha detto loro individualmente: "Sì, è una buona decisione", e poi insieme hanno concordato con i loro testimoni interni.

Anche se la tua testimonianza individuale con lo Spirito Santo è certamente sufficiente, una testimonianza di due o più credenti è ancora meglio!

Ecco un esempio del potere della co-testimonianza di due persone.

Recentemente, ho parlato a un ampio gruppo di imprenditori cristiani come relatore principale di chiusura in una conferenza regionale. Ho condiviso una rapida panoramica dei principi contenuti in questo libro. Mentre parlavo, ho percepito lo Spirito

Santo spingermi a soffermarmi di più sull'importanza della co-testimonianza, più di quanto avessi inizialmente previsto.

Tre giorni dopo la conferenza, ho ricevuto una lunga e dettagliata e-mail da uno dei partecipanti, un gigante dell'economia e membro fondatore di una prestigiosa organizzazione imprenditoriale cristiana.

Dopo un rapido riassunto del problema che stava affrontando, ha scritto nella sua e-mail:

> In poche, ieri sera stavo guidando verso casa e mi sono ricordato del tuo messaggio. Ho spento la radio e ho chiesto ad alta voce allo Spirito Santo cosa avrei dovuto fare in questa situazione. Mi sono sentito spinto a chiamare la mia assistente amministrativa e chiederle il suo parere (è una donna straordinaria, ama il Signore, ma NON l'avevo mai fatto prima!).

Nel suo messaggio, mi ha raccontato come, insieme, avevano trovato rapidamente una soluzione potente e chiara. Ha concluso la sua e-mail dicendo:

> (Inutile dirlo) NON avrei MAI trovato questa soluzione da solo. Non so quante altre persone presenti alla conferenza abbiano avuto un'applicazione così IMMEDIATA dei principi che hai insegnato, ma io sì! Ti ringrazio per essere stato obbediente al Signore e per aver condiviso questo insegnamento con noi!

Questo è un esempio perfetto di ricerca di un co-testimone. Si può percepire la sua fiducia e la sua gioia nel cercare la testimonianza di una collega credente sul posto di lavoro.

Quando hai una squadra solida di credenti che fungono da co-testimoni, puoi superare qualsiasi problema o situazione che si presenti nella tua azienda.

Tuttavia, cercare un co-testimone al lavoro non è sempre facile o veloce. La vera sfida si presenta quando cerchi un co-testimone e le vostre decisioni non sono allineate: vi trovate su posizioni opposte. Cosa fare allora?

Il mio coach per la strategia dei social media e dei siti web è un credente meraviglioso, pieno di Spirito, oltre che un autore di successo. Conosce il mio ministero nel mondo degli affari tanto bene quanto me, se non meglio. È lui che continua a guidarmi e consigliarmi su tutti gli aspetti del mio marketing digitale e del mio posizionamento.

Naturalmente, in molte occasioni gli chiedo: "Ecco cosa sto pensando. Hai una testimonianza in merito?"

Spesso, conferma immediatamente ciò che percepisco. A volte, invece, no. Non è d'accordo e suggerisce qualcosa di diverso.

A questo punto, cosa dovrei fare?

Poiché conosce così bene la mia piattaforma, i miei obiettivi e il modo in cui Dio mi ha chiamato a svolgere il mio compito nel Suo piano perfetto, torno nuovamente a cercare una conferma personale nello Spirito Santo.

Approfondire il mio rapporto con lo Spirito Santo mi porta sempre a una relazione più intima e potente con Lui, non solo per questa decisione, ma anche per la vita. Spesso, basta poco perché la Sua volontà si radichi con chiarezza nel mio spirito.

Alla fine, la decisione è mia. Faccio ciò che mi viene suggerito. E il tempo in più trascorso con il Signore mi dà ulteriore forza, pace e determinazione.

La cosa divertente è che, dopo aver messo in pratica la mia decisione, il mio amico spesso mi dice: "Ora capisco meglio perché hai scelto questa opzione. Non l'avevo considerata da quella prospettiva. So che funzionerà per te."

Alla fine, ottengo la co-testimonianza che cercavo all'inizio. Ho solo dovuto fare un passo di fede basandomi sulla mia testimonianza personale.

La Strategia di Team-Building Più Potente

> Ciao Tom, posso chiederti un aiuto? Sto per prendere una decisione importante... Voglio essere sicuro di sentire dal Signore esattamente ciò che vuole che io faccia. Ecco cosa sento che mi sta dicendo... Hai una testimonianza in merito?

Immagina la reazione entusiasta di Tom, un altro 2%er credente nella tua azienda.

Immagina quanto si sentirebbe onorato e sopraffatto dal fatto di essere coinvolto in una questione così importante.

Se Tom conosce la potenza della co-testimonianza, saprà cosa fare.

Pensa ai numerosi vantaggi che derivano dal team-building e dall'invitare gli altri a diventare co-testimoni al lavoro. Cercare una co-testimonianza con i tuoi collaboratori...

- Rafforza la fiducia nelle tue decisioni.
- Consolida le fondamenta bibliche della tua azienda.
- Dimostra la volontà di ascoltare il cuore e lo spirito della tua squadra.
- Fa crescere la sensibilità spirituale e il discernimento all'interno della tua azienda.
- Ricorda agli altri di fare lo stesso per le loro decisioni.
- Tranquillizza gli altri, anche su decisioni su cui potrebbero non essere d'accordo.

Questa è la domanda di team-building più potente di sempre: "HAI UN TESTIMONE?"

Applicazione nella Vita Personale

Tempo fa, ho iniziato un nuovo approccio nel prendere decisioni con mia moglie Brenda, una donna intelligente, bella e piena di Spirito Santo.

Come la maggior parte dei mariti, ero solito chiederle...

- "Come ti SENTI riguardo a questo?"
- "Cosa ne PENSI?"
- "Qual è la tua OPINIONE a riguardo?"

Ora, quando chiedo il suo parere su una decisione importante, mi limito a chiedere: "Hai un testimone per questo?"

Questo approccio sposta immediatamente la sua risposta dall'essere guidata dai sentimenti, dalla logica o dalle opinioni all'essere guidata dallo Spirito Santo.

Poiché in lei vive lo stesso Spirito Santo che vive in me, ora prendiamo le decisioni cercando una co-testimonianza.

I risultati sono sorprendenti. Cambiando la struttura della domanda, ora camminiamo con ancora più forza come coppia.

Piano d'Azione: *Cerca un Testimone*

Ecco un semplice piano d'azione per *Cercare un Testimone*, composto da quattro domande. Rispondi a queste domande in ordine.

Decisione #1 _____

Ho una testimonianza personale riguardo a questa decisione o azione?

Ho bisogno di un co-testimone?

Se sì, a chi devo chiedere di essere un co-testimone?

Lui/lei ha un testimone in merito?

La mia decisione sulla testimonianza è:

Decisione #2 _____

Ho una testimonianza personale riguardo a questa decisione o azione?

Ho bisogno di un co-testimone?

Se sì, a chi devo chiedere di essere un co-testimone?

Lui/lei ha un testimone in merito?

La mia decisione sulla testimonianza è:

Decisione #3 _____

Ho una testimonianza personale riguardo a questa decisione o azione?

Ho bisogno di un co-testimone?

Se sì, a chi devo chiedere di essere un co-testimone?

Lui/lei ha un testimone in merito?

La mia decisione sulla testimonianza è:

Decisione #4 _____

Ho una testimonianza personale riguardo a questa decisione o azione?

Ho bisogno di un co-testimone?

Se sì, a chi devo chiedere di essere un co-testimone?

Lui/lei ha un testimone in merito?

La mia decisione sulla testimonianza è:

Decisione #5 _____

Ho una testimonianza personale riguardo a questa decisione o azione?

Ho bisogno di un co-testimone?

Se sì, a chi devo chiedere di essere un co-testimone?

Lui/lei ha un testimone in merito?

La mia decisione sulla testimonianza è:

5.4. Non Spegnere Lo Spirito

Spegnere (v.): estinguere, soffocare; porre fine a qualcosa.

La quarta chiave per liberare la potenza dello Spirito Santo nella tua azienda è non spegnere lo Spirito.

Ero un adolescente durante la guerra del Vietnam. Ogni giorno, per anni, nei telegiornali serali venivano annunciati i numeri delle vittime, il numero confermato di eroi caduti per il nostro Paese.

Uno degli elementi più drammatici della guerra è stato apprendere che molti uomini erano tenuti prigionieri di guerra in quello che veniva chiamato ironicamente "Hanoi Hilton", un grande complesso dove i soldati sono stati torturati senza pietà per anni.

Per quasi un decennio, il mio caro amico, il dottor Steve Linnville, ha fatto parte di un eccezionale gruppo di specialisti medici e psicologici che studiano gli effetti mentali e fisici della prigionia sui prigionieri di guerra del Vietnam, della Guerra del Golfo e dell'Operazione Iraqi Freedom. Centinaia di questi eroi, sia uomini che donne, si recano spesso al Robert E. Mitchell Center nella Naval Aviation Station di Pensacola per sottoporsi a valutazioni e accertamenti fisici approfonditi.

Una domanda chiave della loro ricerca è: "Quali sono le differenze principali tra i soldati che sono sopravvissuti ad anni di orribili torture e quelli che non ce l'hanno fatta?"

Forse il risultato più sorprendente della loro ricerca è questo: l'*ottimismo* è il fattore più importante nel predire la resilienza e l'assenza di disturbi psicologici.

Il principale contributo a questa resilienza è la *fede*. Per molti, la fede era in Dio. Per altri, la fede era in un futuro migliore.

Perché citare i risultati della ricerca sui prigionieri di guerra rimpatriati in un libro su come liberare lo Spirito Santo negli affari?

In primo luogo, lo Spirito Santo mi ha portato a includere questi risultati.

In secondo luogo, coloro che sono sopravvissuti, affrontando minuto dopo minuto, ora dopo ora, giorno dopo giorno e anno dopo anno torture fisiche e mentali estreme, lo hanno fatto perché non hanno spento lo spirito che viveva dentro di loro.

Sì, molti dei prigionieri di guerra del Vietnam erano credenti, e anche le poche storie che ho sentito sul loro trattamento disumano fanno sembrare insignificanti le mie cosiddette sfide personali e professionali.

> Siate sempre gioiosi, non cessate mai di pregare, in ogni cosa rendete grazie, perché questa è la volontà di Dio in Cristo Gesù verso di voi. Non spegnete lo Spirito. (1 Tessalonicesi 5,16-19)

Ammettiamo la verità: è facile spegnere lo Spirito.

La domenica è tradizionalmente il giorno in cui ci riuniamo nelle nostre chiese per cantare, ringraziare Dio per il Suo Spirito e ascoltando predicazioni e versetti biblici sulle vie e le meraviglie dello Spirito Santo.

Preghiamo e diciamo *amen*, mentre sentiamo qualcosa che si agita dentro di noi, qualcosa di buono e qualcosa che ci fa riflettere profondamente sul nostro personale cammino spirituale con Dio.

Dopo la funzione, sorridiamo e stringiamo la mano ai nostri amici, parliamo dell'ottima predicazione e della musica, scherziamo su come ci siamo sentiti "toccati" e usciamo dalla porta per andare a casa o al ristorante. Non appena lasciamo il parcheggio della chiesa, lasciamo lì anche gli insegnamenti, i messaggi, le Scritture e i suggerimenti all'interno dell'edificio ecclesiastico.

Ti sembra strano, allora, che così pochi di noi vedano la potenza dello Spirito Santo operare nel loro lavoro?

È così facile lasciare gli insegnamenti, le impressioni e le esortazioni dei nostri leader spirituali nei banchi e nei corridoi di un edificio designato per la domenica.

E in questo modo, possiamo facilmente spegnere lo Spirito di Dio.

Ci sono tre modi in cui comunemente spegniamo lo Spirito: ignorandolo, soffocandolo e rattristandolo.

1. Ignorarlo

Avete occhi e non vedete, avete orecchi e non udite? E non vi ricordate?

—Marco 8,18

Ignorare significa rifiutarsi di riconoscere ciò che si vede o si sente e non fare nulla al riguardo. Forse il modo più semplice per spegnere lo Spirito Santo è proprio ignorarlo.

Durante il mio contratto con un ex cliente, il proprietario ha incaricato un venditore di preparare un piano di lancio a livello aziendale su come implementare i principi di leadership contenuti nel mio libro, *The Impacter*. Anche se ero sotto contratto e a sua completa disposizione, sono stato coinvolto nel progetto solo alla fine, dopo che il piano era già stato sviluppato dal venditore.

L'autore del "libro" (io) era seduto nella stanza.

L'autore del "libro" era disponibile, pronto ad aiutare, ma è stato ignorato.

Ricorda che l'Autore del *Libro* (la Bibbia) vive dentro di te. È disposto e disponibile in qualsiasi momento per guidarti e indirizzarti su come integrare la Sua perfetta saggezza nella tua azienda.

Impegnati nel tuo cuore a non ignorare mai più lo Spirito Santo (Giovanni 14,26).

2. Soffocarlo

Soffocare significa coprire qualcosa per impedire che cresca o si diffonda... cercare di impedire che qualcosa accada.

A volte la risposta sembra ovvia. È ovvio che dobbiamo...

- Investire in quella nuova attrezzatura
- Partecipare a quella fiera
- Lanciare quel nuovo programma pubblicitario
- Licenziare quel dipendente
- Prendere in mano quella situazione

È facile lasciarsi guidare da ciò che sembra ovvio.

In Luca 10,40, Marta stava cucinando freneticamente un pasto e, presa dall'agitazione, interruppe bruscamente Gesù davanti a una casa piena di ospiti.

Tentò di soffocare lo Spirito interrompendo Gesù, insultando sua sorella e dicendo a Gesù cosa avrebbe dovuto fare. Ciò che appariva ovvio a Marta (la gente deve essere sfamata ora) non era la cosa più importante in quel momento (ascoltare Gesù).

Tutti, compresa Martha, impararono che è molto più importante concentrarsi sugli insegnamenti di Gesù e non soffocare il Suo Spirito che vuole muoversi attraverso di loro.

Come possiamo soffocare lo Spirito Santo negli affari? Quando...

- Tutti i *fatti* dicono una cosa, ma lo Spirito Santo ne dice un'altra.
- Tutti gli *esperti* dicono una cosa, ma lo Spirito Santo ne dice un'altra.

- Tutti i tuoi *collaboratori* dicono una cosa, ma lo Spirito Santo ne dice un'altra.

- Ti rifiuti di cercare un co-testimone.

- Senti la voce dello Spirito dirti: "Dagli la tua maglietta", ma rapidamente scacci quel pensiero.

Sappi che il nemico non desidera altro che spingerti a soffocare lo Spirito Santo nella tua azienda.

3. Rattristarlo

> *Non rattristate lo Spirito Santo di Dio con il quale siete stati suggellati per il giorno della redenzione.*
>
> —Efesini 4,30

Ti è mai capitato di fare qualcosa sapendo che era sbagliato, ma di continuare comunque?

Mangiare più del dovuto per la maggior parte del tempo? Ignorare il tuo coniuge o la tua famiglia nel tempo libero, facendo solo ciò che piace a te? Dire ai tuoi figli che sei troppo stanco per giocare con loro in quel momento, ma che potranno chiedertelo di nuovo domani?

E, nella tua azienda, ti siete mai convinto a...

- Tenere un dipendente che avrebbe dovuto andarsene anni fa?

- Ritardare i pagamenti dei fornitori per migliorare il flusso di cassa a breve termine?

- Chiudere un occhio mentre un dipendente importante tradisce la moglie o viola palesemente la politica aziendale?

- Permettere a un cliente di lunga data di trattare i tuoi dipendenti con maleducazione o mancanza di rispetto?

Rattristare significa far sentire qualcuno triste o infelice... farlo soffrire. Sì, puoi rattristare lo Spirito Santo con i tuoi affari. Ma puoi anche rattristarlo con gli insulti.

> Di quale peggior castigo, a vostro parere, sarà giudicato degno colui che avrà calpestato il Figlio di Dio e avrà considerato profano il sangue del patto con il quale è stato santificato e avrà disprezzato lo Spirito della grazia? (Ebrei 10,29)

Uno dei modi più semplici che ho imparato per essere più sensibile a ciò che rattrista lo Spirito è quello di prestare attenzione ai momenti in cui scuoto la testa incredulo per il comportamento di qualcuno.

Quando sono al massimo della mia capacità di liberare la potenza dello Spirito Santo, mi chiedo: "Perché ho appena scosso la testa per questo?"

Nella maggior parte dei casi, si tratta di una reazione ragionevole in risposta a qualcuno che mi taglia la strada nel traffico, che non si accorge di bloccare l'intero corridoio del supermercato con il suo carrello, ecc.

Nel contesto lavorativo, potresti trovarti a scuotere la testa per cose come...

- Quello che alcune persone dicono durante le riunioni

- Dirigenti che arrivano costantemente in ritardo ai loro stessi incontri

- Una persona o una squadra che si rifiutano di portare a termine un compito assegnato

- Lavoro fatto con superficialità e senza impegno
- Caffettiere vuote lasciate nella sala relax dall'ultima persona che ha riempito la sua tazza.

Mi chiedo intenzionalmente se queste azioni stiano rattristando la mia carne o lo Spirito che è in me.

In molti casi, si tratta solo della mia carne. Per esempio, prendiamo la caffettiera vuota. Mi ricordo che il mio Salvatore è venuto per servire e non per essere servito. Pertanto, è una benedizione per gli altri pulire la terra, versare acqua pulita e preparare una caffettiera calda e per tutti.

Questo è un esempio semplice ma fin troppo comune di come trasformare una lamentela della carne in una benedizione per gli altri.

Se la cosa rattrista la mia carne, la sistemo se posso e poi me ne dimentico.

Se invece rattrista il mio spirito, ci rifletto ancora un po' per arrivare alla ragione principale per cui mi sento così. Chiedo allo Spirito Santo:

- "Perché sei rattristato per questo?"
- "Cosa desideri che io faccia al riguardo?"
- "Come posso evitare che questo accada in futuro?"
- "Che cosa vuoi che io impari da questa situazione?"
- "Che cosa desideri che io dica agli altri su questo?"
- " Devo pentirmi di qualcosa?"

L'ultima cosa di cui hai bisogno nella tua azienda è uno Spirito Santo rattristato dentro di te o tra le persone che ti circondano.

Uno Spirito Santo rattristato è un'indicazione diretta che tu o qualcun altro intorno a te è fuori strada e ha bisogno di essere corretto.

Piano d'Azione: *Non Spegnere lo Spirito*

Rifletti sui tuoi attuali problemi, priorità e pressioni. Per quanto riguarda lo Spirito Santo, di recente...

Lo hai ignorato –

Lo hai soffocato –

Lo hai rattristato –

Prenditi 10 minuti per pregare su queste situazioni e chiedete allo Spirito Santo di parlarti di esse. Scrivi qui di seguito ciò che lo Spirito ti ordina di fare. Consegna questo piano d'azione a una persona di fiducia (ad esempio, il coniuge, un collega, un mentore spirituale, un coach ecc.) Chiedi alla tua persona di fiducia di cercare un co-testimone con te su queste azioni, di pregare con te e di aiutarti a rimanere responsabile nella loro attuazione.

Azione 1:

Azione 2:

Azione 3:

Azione 4:

5.5. Non Lasciarti Smuovere

Muoversi (v): allontanarsi da un punto o da un luogo; cambiare posizione o postura.

La quinta chiave per liberare la potenza dello Spirito Santo nella tua azienda è quella di non lasciarti smuovere.

Questo può essere particolarmente difficile. Perché?

- Hai fatto pratica.
- Hai verificato il tuo Spirito prima di prendere la decisione finale.
- Hai una forte testimonianza, personale o condivisa con altri.
- Hai deciso nel tuo cuore di non spegnere lo Spirito.

Questo è il momento in cui Satana sarà in piena modalità di attacco. Satana farà di tutto per riempirti di dubbi, incertezze e ansia. Tirerà fuori tutta la sua artiglieria e ti attaccherà ferocemente quando...

- I conti non tornano.
- L'opinione della maggioranza è contro di te.
- I tuoi concorrenti stanno fuggendo mentre tu stai entrando.
- Il successo sembra un'ipotesi remota.
- Il buon senso dice che è una mossa sbagliata.
- Tutti ti stanno dicendo: "Non farlo!"

Ma tu hai un vantaggio ingiusto che vive dentro di te. Ormai lo Spirito Santo ha già confermato dentro di te che questa decisione è la volontà del Signore per la tua azienda. Tu sai di sapere che questa decisione è del Signore.

Il modo più rapido, semplice ed efficace per vedere la potenza dello Spirito Santo nella tua azienda (e nella tua vita) è seguire le istruzioni che Maria diede ai servitori poco prima che Gesù trasformasse l'acqua in vino:

> Sua madre disse ai servitori: "Fate tutto quel che vi dirà." (Giovanni 2,5)

Fallo e basta, qualunque cosa Lui ti dica, fallo!

Ecco tre modi potenti per aiutarti a non lasciarti smuovere: rimani concentrato, rispondi con la Parola di Dio e resta saldo.

1. Rimani Concentrato

> *Fratelli, io non ritengo di averlo già afferrato; ma una cosa faccio: dimenticando le cose che stanno dietro e protendendomi verso quelle che stanno davanti, corro verso la meta per ottenere il premio della suprema vocazione di Dio in Cristo Gesù.*
>
> —Filippesi 3,13-14

Molti imprenditori hanno quella che io chiamo "Sindrome dello Scoiattolo". Se sei un tipico imprenditore, il tuo cervello è sempre attivo, pensa e sogna, prestando poca attenzione ai dettagli necessari per il successo. Per te, conta la nuova idea, la nuova opportunità, l'approccio innovativo, il potenziale enorme, l'ultima grande novità che hai davanti agli occhi.

Essere intorno a te è come osservare una pentola di popcorn senza coperchio, un flusso ininterrotto di azioni, idee e concetti che si riversano in tutto il luogo di lavoro creando grandi pasticci ovunque.

Come consulente aziendale guidato dallo Spirito, spesso aiuto i leader a chiarire i loro obiettivi per massimizzare i loro punti di forza e rendere irrilevanti le loro debolezze (come la Sindrome dello Scoiattolo).

Per loro natura, questi uomini e donne meravigliosi, energici e intelligenti desiderano disperatamente avere successo negli affari per la gloria del Signore. Tuttavia, non sono naturalmente predisposti a rimanere concentrati, per cui è una sfida sia professionale che spirituale mantenerli responsabili e in linea con gli obiettivi.

Io so che è una sfida per loro. Loro sanno che è una sfida per loro. E anche il nemico sa che è una sfida per loro.

Ecco perché, in questo momento, è fondamentale non lasciarsi smuovere, perché sai che questa decisione di agire...

- È del Signore attraverso la conferma dello Spirito Santo.
- È ciò che lo Spirito Santo vuole che tu faccia.
- È il modo in cui lo Spirito Santo desidera che tu proceda.

Anche se la sfida è grande, puoi rimanere concentrato.

> Noè fece così; fece tutto quello che Dio gli aveva comandato. (Genesi 6,22)

Sappiamo che Noè aveva 500 anni quando è menzionato per la prima volta nella Bibbia (Genesi 5,32) e 600 anni quando è entrato nell'arca (Genesi 7,6). Quindi la costruzione di questa città galleggiante potrebbe aver richiesto alla sua famiglia circa 100 anni o più.

Immagina...

- Più di 100 anni di insulti e derisioni quotidiane da parte della società, mentre ti impegni nell'opera del Signore.

- Notti, settimane, mesi e forse anni di frustrazione, stanchezza e attacchi spirituali contro il tuo corpo, la tua mente e la tua anima.

- Decine di persone non credenti che cercano incessantemente di distrarti dal tuo incarico e dal tuo compito.

- Focalizzarti su un solo e unico obiettivo per oltre 100 anni.

Proprio come Noè, una volta presa la decisione, devi rimanere concentrato. Sì, è possibile. Sì, puoi farcela.

2. Rispondi con la Parola di Dio

> *Infatti, la parola di Dio è vivente ed efficace, più affilata di qualunque spada a doppio taglio; essa penetra fino alla divisione dell'anima e dello spirito, delle giunture e delle midolla, ed è in grado di discernere i pensieri e le intenzioni del cuore.*
>
> —Ebrei 4,12

Lo Spirito ti spinge al successo. Il nemico desidera che tu fallisca.

Uno dei modi più efficaci per spegnere i dardi infuocati del nemico è rispondergli con la Parola di Dio! Kyle Winkler, nel suo libro *Silence Satan*, scrive:

> Credo che quando la Parola di Dio viene pronunciata dalla bocca di coloro che sono in Cristo, essa contenga la stessa potenza come se fosse Dio Stesso a pronunciarla. Le parole devono mantenere l'autorità

di Dio, altrimenti non potrebbero ottenere alcun risultato. Dopotutto, queste sono le Sue parole, non le nostre.[1]

Winkler suggerisce che ci sono tre benefici principali nel dichiarare la Parola di Dio direttamente contro il nemico. In primo luogo, parlare delle Scritture rinnova la mente. La parola pronunciata è potente e "la stessa potenza che ha dato vita all'universo darà nuova vita a te."[2]

In secondo luogo, mette in fuga il nemico. Winkler scrive: "Il padre della menzogna non ha alcun potere quando è presente la verità del Padre."[3]

In terzo luogo, parlare della Scrittura fa tacere Satana. Dichiarare la Scrittura equivale a gridargli: "Stai indietro, diavolo! Sono armato della verità di Dio."[4]

(Ti invito a scaricare la fantastica applicazione gratuita di Kyle, Shut Up Devil!, disponibile su App Store, Apple, e Google Play Store, Android).

3. Resta Saldo

> *Ed ecco che ora, legato dallo Spirito, vado a Gerusalemme, senza sapere le cose che là mi accadranno; so soltanto che lo Spirito Santo mi attesta in ogni città che mi attendono catene e tribolazioni. Ma nulla di tutto questo mi smuove, né tengo alla mia vita come se mi fosse preziosa, purché io compia con gioia la mia corsa e il ministero che ho ricevuto dal Signore Gesù, per rendere testimonianza al vangelo della grazia di Dio.*
>
> —Atti 20,22-25

Il futuro si prospettava cupo. Paolo stava tornando a Gerusalemme, dove sarebbe stato arrestato, mandato a Roma e infine condannato a morte. Molti colleghi di Paolo lo avvertirono di non andare a

Gerusalemme. Il profeta Agabo prese in mano la cintura di Paolo e profetizzò:

> "A Gerusalemme i Giudei legheranno così l'uomo a cui questa cintura appartiene, e lo consegneranno nelle mani dei pagani." (Atti 21,11)

Eppure, Paolo non si lasciò scoraggiare. Gli era chiaro ciò che doveva fare, ciò che il Signore lo aveva chiamato a fare. E niente di ciò che nessuno diceva o faceva lo avrebbe dissuaso dal viaggio.

Rimase saldo, fino alla morte.

La tua presa di posizione pubblica per Gesù nel mondo degli affari potrebbe portarti persecuzioni, forse perfino minacce di morte. Ma anche se così fosse, il Signore ti ha chiamato a farlo. È tuo, senza dubbio, il compito di farlo.

È il momento di restare saldo, di riposare nella Sua pace (Filippesi 4,6-7) e di sapere che le tue schiere di angeli ti proteggono (Ebrei 1,14), che la Parola è nel tuo cuore e nella tua bocca (1 Corinzi 2,4-5) e che la vittoria, in definitiva, è del Signore (1 Giovanni 5,4).

Se la decisione è...

- Piccola: resta saldo!
- Grande: resta saldo!
- Rischiosa agli occhi del mondo: resta saldo!
- Basata unicamente sulla tua testimonianza personale: resta saldo!

Proprio come Paolo.

Un'Ultima Cosa

Come ho già detto nella sezione 4.5, "Indossa l'Armatura", prima indossi l'armatura completa di Dio, più sarai preparato ad affrontare gli ultimi attacchi del nemico.

Ti esorto a ricordare sempre un'altra cosa: resta saldo mentre indossi la completa armatura di Dio (Efesini 6,10-20). Paolo ha ripetuto tre volte la parola "stare saldo" in questi versetti affinché fossimo pronti a respingere e distruggere le astuzie del nemico.

Se resti saldo, coperto dall'armatura completa, non sarai smosso!

Piano d'Azione: *Resta Saldo*

Prenditi il tempo necessario per completare questo piano d'azione. Tienilo a portata di mano.

1. Rimani concentrato – Elenca 3-5 cose che ti distraggono facilmente dal raggiungimento dei tuoi obiettivi aziendali più importanti.

Distrazione #1:

Distrazione #2:

Distrazione #3:

Distrazione #4:

Distrazione #5:

2. Rispondi con la Parola di Dio – Ora scrivi 3-5 versetti della Bibbia che devi memorizzare e ripetere per aiutarti a rimanere concentrato. Per esempio, uno dei miei versetti da ripetere è 1 Corinzi 2,16b che recita: "Ora noi abbiamo la mente di Cristo."

Versetto #1:

Versetto #2:

Versetto #3:

Versetto #4:

Versetto #5:

3. Resta saldo – Con parole tue, crea 3-5 affermazioni personalizzate di "Resta Saldo" che puoi proclamare e dichiarare ogni volta che ne hai bisogno. Per esempio, una delle mie affermazioni *Resta Saldo* è come quella gridata da Paolo: "Non mi lascerò smuovere!" Un'altra è: "Io posso ogni cosa in Cristo che mi fortifica!"

Dichiarazione #1:

Dichiarazione #2:

Dichiarazione #3:

Dichiarazione #4:

Dichiarazione #5:

4. Un'Ultima Cosa

> *Perciò prendete la completa armatura di Dio, affinché possiate resistere nel giorno malvagio, e restare in piedi dopo aver compiuto tutto il vostro dovere. State dunque saldi: prendete la verità come cintura dei vostri fianchi, rivestite la corazza della giustizia, calzate i vostri piedi con la prontezza del vangelo della pace; soprattutto, prendete lo scudo della fede, con il quale potrete spegnere tutti i dardi infuocati del maligno. Prendete anche l'elmo della salvezza e la spada dello Spirito, che è la parola di Dio.*
>
> —Efesini 6,13-17

Scrivi qui sotto i sei pezzi dell'armatura di Dio. Fissa nel tuo cuore il proposito di dichiararle ad alta voce ogni mattina prima di andare al lavoro, in modo da essere completamente armato e pronto per le battaglie spirituali nel mondo degli affari. Così facendo, avvertirai il nemico che non ha posto o potere sulla tua azienda.

L'Armatura Completa

1.

2.

3.

4.

5.

6.

5.6 Pregare Preghiere Audaci

Audace (agg.): non teme il pericolo o le situazioni difficili; molto sicuro di sé in un modo che può sembrare scortese o avventato; mostra o richiede uno spirito audace e coraggioso.

La sesta chiave per liberare la potenza dello Spirito Santo nella tua azienda è pregare preghiere audaci.

Giosuè aveva vinto una battaglia dopo l'altra, sconfiggendo ogni esercito che Dio gli aveva detto di combattere. Una volta, Dio gli disse di marciare tutta la notte e di prepararsi a combattere contro cinque re che si erano alleati contro di lui. Ma alla fine della giornata, la battaglia non era ancora finita. Così Giosuè, desiderando disperatamente di finire la battaglia con una vittoria completa, pregò.

> Allora Giosuè parlò al Signore, nel giorno in cui il Signore diede gli Amorei nelle mani dei figli d'Israele, e disse alla vista d'Israele: "Sole, fermati su Gabaon, e tu, luna, sulla valle di Aialon." E il sole si fermò, e la luna rimase al suo posto, finché il popolo non si vendicò dei suoi nemici. Non è forse scritto nel Libro del Giusto? Il sole si fermò in mezzo al cielo e non si affrettò a tramontare per quasi un giorno intero. (Giosuè 10,12-13 ESV)

L'esercito di Giosuè sconfisse i nemici grazie alla risposta di Dio a una potente preghiera audace.

Nel corso degli anni, mi è sempre stato più facile pregare preghiere audaci per mia moglie, mio figlio, la mia famiglia, i miei amici, il mio pastore e la mia chiesa. Ma pregare in modo audace per la mia attività mi sembrava scomodo.

Ho sempre pregato per la mia azienda. È facile pregare per ottenere più contratti, clienti che pagano meglio, per far cambiare idea a un dipendente ribelle o anche perché il Signore mi aiuti a risolvere una causa legale assurda intentata contro di me o la mia azienda. E chi non ha mai pregato per uscire da un grosso guaio che probabilmente ci siamo creati noi stessi (probabilmente per non essere stati guidati dallo Spirito fin dall'inizio)?

Non sto sminuendo l'importanza delle preghiere semplici e basilari per le nostre imprese. Il Signore ascolta le preghiere di tutti i suoi figli.

Quello che ti esorto a fare è passare a un livello di preghiera più alto, uno che inizia a liberare il favore soprannaturale di Dio sulla tua azienda!

> "Adesso, Signore, considera le loro minacce, e concedi ai Tuoi servi di annunziare la Tua Parola in tutta franchezza, stendendo la tua mano per guarire, affinché si compiano segni e prodigi nel nome del Tuo santo Servo Gesù." Dopo che ebbero pregato, il luogo dove erano riuniti, tremò; e tutti furono riempiti dello Spirito Santo, e annunziavano la Parola di Dio con franchezza. (Atti 4,29-31)

Questa è la prima preghiera riportata degli apostoli della neonata Chiesa, pronunciata pochi giorni dopo la Pentecoste e appena qualche minuto dopo essere stati minacciati dai leader religiosi che intimavano loro di smettere e desistere!

Affrontando dure prove, percosse e persino la morte, i primi apostoli avrebbero potuto facilmente offrire preghiere sicure, senza pretese, solo per aiutarci a superare questa situazione e poi tornare in silenzio alle loro attività. *Non vogliamo certo offendere, turbare o creare scompiglio.*

Avrebbero potuto prendere una strada più sicura e più facile, ma hanno scelto un'altra strada. Hanno scelto di cambiare marcia nella preghiera, salendo a un livello superiore, più intenso e pieno dello Spirito Santo.

Hanno scelto di andare con coraggio di presentarsi davanti al trono di Dio e chiedere di più!

Più potere. Più segni e prodigi. Più AUDACIA!

La loro casa è stata scossa. La loro fiducia è stata smossa. La loro fede è aumentata.

E ancora oggi, continuiamo a vedere i risultati di questa preghiera audace: la crescita soprannaturale e l'impatto eterno della Chiesa in tutto il mondo!

Di recente, ho iniziato a passare da preghiere sicure, normali e scontate a un livello superiore di preghiere profonde, dinamiche e audaci per la mia attività. La differenza è enorme.

Come potrebbe suonare questo cambiamento? Ecco tre esempi.

Sicura: "Dio, aiutami a pagare gli stipendi questo mese."

Audace: "Dio, libera i tuoi angeli affinché mi portino i 100.000 dollari di cui sai che ho bisogno per far fronte alle spese e per seminare di nuovo in questa azienda per una nuova crescita, nel nome di Gesù!"

Sicura: "Dio, mostrami come aumentare le vendite del 20% quest'anno."

Audace: "Dio, benedicimi abbondantemente con un incremento di due, cinque o dieci volte nella mia azienda, nel nome di Gesù!"

Sicura: "Dio, aiuta il mio dipendente, Tony, a salvare il suo matrimonio."

Audace: "Dio, ti ringrazio per aver invaso in modo soprannaturale i cuori di Tony e di sua moglie per guarire in modo potente e permanente il loro matrimonio, nel nome di Gesù!"

Ora, torna indietro e leggi le preghiere in grassetto, poi chiediti:

- Quali preghiere preferiresti fare per la tua azienda?
- Quali preghiere vorresti che i tuoi dipendenti facessero per la tua azienda?
- Quali preghiere pensi che Dio sia più incline ad ascoltare e onorare?

Ecco tre cose da fare per pregare in modo più audace: *chiedi, credi* e *aspetta la risposta.*

1: Chiedi

> *Iabes invocò il Dio d'Israele, dicendo: "Benedicimi, ti prego; allarga i miei confini; sia la tua mano con me e preservami dal male in modo che io non debba soffrire!" E Dio gli concesse quanto aveva chiesto.*
>
> —1 Cronache 4,10

Benedizione. Territorio. Potere. Protezione.

Sono questi i quattro ambiti in cui il giusto Iabes chiese a Dio di intervenire. Per troppe persone, questa preghiera può sembrare egoistica. Per i 2%ers (credenti guidati dallo Spirito Santo nel mondo degli affari), dovrebbe diventare un modello per le nostre preghiere d'affari più audaci.

Nel suo best-seller *The Prayer of Jabez*, Bruce Wilkinson scrive:

> Se stai conducendo la tua attività secondo la volontà di Dio, non solo è giusto chiedere di più, ma Egli sta aspettando che tu lo faccia. La tua azienda è il territorio che Dio ti ha affidato. Egli vuole che tu lo accetti come un'opportunità significativa per toccare la vita delle persone, la comunità imprenditoriale e il mondo intero per la Sua gloria. Chiedergli di

allargare questa opportunità non può che dargli gioia.⁵

Immagina: Dio stia aspettando che tu gli chieda di più!

Hai mai aspettato che tuo figlio ti chiedesse di portarlo al parco, di insegnargli a tirare calci a un pallone, ad andare in bicicletta, a guidare una moto o un'auto, o persino a fargli da guida quando voleva chiedere la mano della sua fidanzata?

Spesso la nostra risposta interna è: "Finalmente!" Sapevi fin dall'inizio che desideravi concedergli ciò che chiedeva, ma sapevi anche che la cosa migliore era aspettare che fosse lui a chiedere.

Questo è esattamente ciò che fa Dio. Come dice il dottor Wilkinson, "la tua azienda è il territorio che Dio ti ha affidato". Quindi è giusto che Egli sia pronto e disposto a benedire i tuoi sforzi in modo consistente.

Dio sta aspettando che tu gli chieda... e che tu gli chieda in grande. Sii audace!

2: Aspetta la Risposta

E Dio gli concesse quanto aveva chiesto.

—1 Cronache 4,10b

Hai colto il dettaglio? Come Dio ha risposto alla richiesta di Iabes? Ho saltato questo versetto per molti, molti anni. Ora mi ricordo spesso che questo è il modo in cui Dio risponde alle preghiere giuste e audaci di crescita per me e per l'azienda.

Come 2%er, tendiamo a concentrarci sulla straordinaria audacia di Iabes, che chiede direttamente a Dio più affari, un territorio più grande, una protezione più forte e la liberazione dagli attacchi del nemico. Ma spesso ci sfugge il significato della risposta di Dio.

Dio ha concesso a Iabes ciò che aveva chiesto! Per dirla con le mie parole, Dio ha risposto: "Certo... ecco il tuo aumento. Sono felice che finalmente tu me lo abbia chiesto!"

Gesù e Giacomo ci hanno insegnato la stessa cosa:

> Chiedete e vi sarà dato; cercate e troverete; bussate e vi sarà aperto. Perché chiunque chiede riceve, chi cerca trova e sarà aperto a chi bussa. (Matteo 7,7-8)

> Eppure, non avete perché non chiedete. (Giacomo 4,2b)

Ne parlerò più approfonditamente in futuri libri e video-insegnamenti. Per ora, è sufficiente capire che Iabes è descritto come un uomo onorevole e giusto. È stata questa la chiave che gli ha aperto le porte della crescita soprannaturale e del favore di Dio.

Come 2%er, tu hai ereditato la giustizia di Cristo (1 Corinzi 1,30). Agli occhi di Dio, sei giusto come Iabes. Pertanto, puoi aspettarti risultati soprannaturali per la tua azienda in risposta alle tue preghiere audaci.

Non basta chiedere. Devi anche aspettarti di ricevere!

3: Credi

> *Trova la tua gioia nel Signore, ed Egli ti darà i desideri del tuo cuore. Affida la tua via al Signore, confida in Lui, ed Egli agirà.*
>
> —Salmo 37,4-5

Devi essere abbastanza audace da chiedere.

Devi essere abbastanza audace da aspettarti ciò che hai chiesto.

Infine, devi anche essere abbastanza audace da credere che le tue preghiere siano degne di essere esaudite.

È giunto il momento per tutti i 2%ers, ognuno di noi, di credere che è il nostro momento di trasformare il nostro mercato per Gesù.

È il momento di allargare i nostri confini!

È il momento di assistere a una crescita soprannaturale!

È il momento di portare le nostre preghiere a un livello di audacia ancora più alto!

> Gesù fissò lo sguardo su di loro e disse: "Agli uomini questo è impossibile; ma a Dio ogni cosa è possibile." (Matteo 19,26)

Il momento è adesso.

Una Precauzione

> *Il solo momento in cui le mie preghiere non vengono esaudite è quando gioco a golf.*
>
> —Billy Graham

Adoro giocare a golf. Così come l'evangelista Billy Graham. Quindi, per divertimento, permettimi di aiutare i miei compagni di golf in tutto il mondo con questa audace preghiera per il golf:

> Signore, fa' che tutti i miei drive finiscano nel fairway, che tutti i miei primi putt entrino direttamente in buca e che tutti i miei tiri sbagliati camminino soprannaturalmente sull'acqua, proprio come Gesù! Amen!

Piano d'Azione: *Prega Preghiere Audaci*

Scrivi qui di seguito tre aree in cui senti che lo Spirito Santo ti sta spingendo a pregare con più audacia per la tua azienda. Scrivi quale potrebbe essere la tua preghiera sicura. Poi, dopo aver trascorso del tempo con lo Spirito Santo, scrivi ciò che Egli desidera che tu preghi con audacia.

Focus #1: _____

Sicura:

Audace:

Focus #2: _____

Sicura:

Audace:

Focus #3: _____

Sicura:

Audace:

Questo spazio è riservato SOLO ai miei compagni di golf!

Focus Golf: _____

Sicura:

Audace:

Discussione di Gruppo

Condividi le tue decisioni su "Pratica". Che cosa hai imparato? In quali altri ambiti potresti esercitarti questa settimana?

Condividi le tue decisioni su "Verifica Prima di Agire". Cosa hai imparato?

Discuti i tuoi piani d'azione su "Cerca Un Testimone". Quali sono state le tue sfide? Come hanno risposto gli altri? Cosa ti ha sorpreso o soddisfatto della ricerca di un testimone?

Condividi una situazione lavorativa recente in cui potresti aver spento lo Spirito Santo. Te ne sei reso conto sul momento? Come lo riconoscerai in futuro?

Discuti uno dei tuoi piani d'azione "Non Lasciarti Smuovere". Perché può essere così difficile per gli uomini d'affari?

Quali sono 2-3 preghiere audaci che ora reciti per la tua azienda? Che cosa percepisci quando le reciti? Quali esitazioni potresti avere mentre preghi e come puoi superarle?

[1] Kyle Winkler, *Silence Satan: Shutting Down the Enemy's Attacks, Threats, Lies, and Accusations* (Lake Mary, FL: Passio, 2014), p. 161.

[2] Ibid., p. 162.

[3] Ibid., p. 163.

[4] Ibid., p. 165.

[5] Dott. Bruce H. Wilkinson, *The Prayer of Jabez: Breaking Through to the Blessed Life* (Sisters, OR: Multnomah Publishers, 2000), pp. 31–32.

6

Continua Così

Non ci scoraggiamo di fare il bene; perché, se non ci stanchiamo, mieteremo a suo tempo.

—Galati 6,9

NIZIARE QUALCOSA È FACILE. CONTINUARE ... QUESTA è la parte difficile.

Questo capitolo ti offre cinque aree fondamentali per aiutarti a mantenere lo slancio mentre inizi a liberare il tuo vantaggio ingiusto nel mondo degli affari.

6.1. Ricorda I Benefici

beneficio (s.): un risultato o un effetto positivo o utile; un atto di gentilezza; qualcosa che promuove il benessere.

Diversi anni fa mi è stata diagnosticata una "tendinosi alla spalla destra con osteoartrosi dell'articolazione acromioclavicolare e lieve versamento articolare". Il punto è che la mia spalla destra era molto dolorante! Il dolore era così intenso che non riuscivo nemmeno ad allungare il braccio dietro la schiena per prendere il fazzoletto dalla tasca posteriore dei pantaloni. Di notte, mentre cercavo di addormentarmi, mi sentivo come se mi avessero conficcato un chiodo nella parte superiore del braccio destro. Non riuscivo in alcun modo a sollevare il braccio sopra la spalla.

Quando il chirurgo ortopedico della rinomata Andrews Clinic di Gulf Breeze, in Florida, mi ha consigliato di iniziare un programma di riabilitazione e di esercizi, è stato molto facile convincermi dei benefici. Ero una vera e propria bomba di dolore ambulante, quindi qualsiasi cosa era meglio di continuare a soffrire.

Ho superato con facilità due settimane di fisioterapia leggera e poi ho iniziato un programma intensivo di rafforzamento muscolare a casa, sotto la supervisione di un ex allenatore di football universitario e amico intimo, John Saxon. Ho visto miglioramenti rapidi e significativi, ho acquisito forza nella parte superiore del corpo e ho ridotto in modo significativo il dolore.

Una volta che ho iniziato una routine mattutina di allenamento di cinque giorni a settimana, i benefici sono stati evidenti. Per la prima volta in vita mia, potevo vedere le "protuberanze" (muscoli) che si formavano sui miei bicipiti e tricipiti. Avendo sempre avuto una corporatura esile, a più di 60 anni mi ritrovavo con un po' di muscoli veri.

Ricordare i benefici dell'allenamento? È facile. Basta guardare i registri dei miei fogli settimanali con gli obiettivi, le misurazioni e gli esercizi sempre più intensi. Il quaderno è pieno di benefici del mio esercizio. Inoltre, ora mi sento molto più forte, più energico, più concentrato e più sicuro di me. Ricordando e percependo gli ovvi benefici dell'allenamento, continuo ad andare avanti e a crescere.

Lo stesso vale per liberare il tuo vantaggio competitivo ingiusto.

È Facile Dimenticare

> *I nostri padri in Egitto non compresero i tuoi prodigi, non ricordarono la moltitudine delle tue misericordie.*
>
> —Salmo 106,7

È fin troppo facile ricordare tutte le cose negative che accadono nella tua azienda, piuttosto che quelle positive. La vita aziendale di tutti i giorni può essere costellata di routine, rituali, sfide senza fine e frustrazioni che ci costringono a concentrarci solo sui problemi di oggi.

Tendiamo naturalmente a ricordare più i fallimenti e le difficoltà che le vittorie e i successi. Ti siete mai chiesto chi ci porta alla mente questi fallimenti? Non lo Spirito Santo... questo è certo!

Il nostro nemico numero uno negli affari è Satana, il principe di questo mondo (Efesini 2,2) che desidera soprattutto uccidere, rubare e distruggere tutto ciò che è buono (Giovanni 10,10), compresa la tua azienda. Prende di mira soprattutto i professionisti dotati di poteri soprannaturali e pieni di Spirito come te. Non c'è da stupirsi se dimentichiamo così facilmente i momenti benedetti in cui lo Spirito Santo si è mosso all'interno e nelle nostre aziende.

Anch'io, come te, mi trovo a lottare con questo problema. Ho imparato che mi occorre uno sforzo mirato per fermarmi, riflettere e ricordare i molti modi divini, buoni e santi in cui il Signore mi ha guidato negli affari attraverso lo Spirito Santo.

Scrivi un episodio in cui ricordi chiaramente l'impatto dello Spirito Santo sulla tua azienda o carriera:

10 anni fa?

5 anni fa?

L'anno scorso?

Quest'anno?

La scorsa settimana?

Ieri?

Non è così semplice come dovrebbe essere, vero? Perché? Perché troppo spesso ricordiamo le lotte più delle vittorie. Anche se lo Spirito Santo ci ha dato uno spirito di forza, di amore e di saggezza (2 Timoteo 1,7), è ancora troppo facile dimenticare quanto spesso il Signore, attraverso il suo Spirito, ci ha guidati, protetti e favoriti nel nostro lavoro.

Ecco un modo semplice ma potente per mantenere il nuovo slancio guidato dallo Spirito.

La Tua Lista dei Dieci Benefici Principali

Ma io vi ho detto queste cose affinché, quando sia giunta la loro ora, vi ricordiate che ve le ho dette.

—Giovanni 16,4

Prenditi una pausa di 10 minuti Chiedi allo Spirito Santo di aiutarti a elencare 10 benefici che derivano dal permettergli di operare liberamente nella tua azienda.

Il tuo elenco sarà probabilmente diverso da quello di chiunque altro. Lo Spirito Santo parlerà a te in modo unico, in relazione al tuo ruolo specifico, nella tua azienda, nel tuo ambiente e con i doni e i talenti che hai ricevuto. Potrebbe includere qualsiasi cosa: versetti biblici, parole di incoraggiamento, azioni concrete, risultati misurabili e molto altro ancora.

Continua Così

I dieci benefici principali di lasciare operare lo Spirito Santo nella mia azienda sono...

1.

2.

3.

4.

5.

6.

7.

8.

9.

10.

Ottimo lavoro. Ora assicurati di ricordare questo elenco.

Una Sfida di 30 Giorni sui Benefici

> *Io rievocherò i prodigi del Signore; sì, ricorderò le Tue meraviglie antiche.*
>
> —Salmi 77,11

Tieni questo elenco a portata di mano per i prossimi 30 giorni. Consultalo almeno due volte al giorno.

Crea un promemoria nel tuo telefono. Scrivi ogni punto su una scheda e posizionala in un luogo dove la vedrai spesso.

Leggere e meditare su questa lista ti aiuterà a ricordare e a motivarti a liberare più rapidamente la potenza dello Spirito Santo per ottenere il massimo impatto nella tua azienda. Perché? Perché Egli lo ha già fatto per te in passato.

Il Potere dei Benefici

> *Ricordati del SIGNORE tuo Dio, poiché Egli ti dà la forza per procurarti ricchezze, per confermare, come fa oggi, il patto che giurò ai tuoi padri.*
>
> —Deuteronomio 8,18

Il Signore ti dà la forza di prosperare nella tua azienda. La tua lista dei benefici sarà un promemoria costante che il Suo Spirito opera attraverso di te per sconfiggere i tuoi nemici e spostare le tue montagne. Ti ricorderà che a Dio appartiene tutta la gloria.

6.2. Tieni Un Registro

> *Così ho deciso anch'io di fare ricerche accurate su ogni circostanza fin dagli inizi e di scriverne per te un resoconto*

> *ordinato, illustre Teofilo, perché ti possa rendere conto della solidità degli insegnamenti che hai ricevuto.*
>
> —Luca 1,3-4

Nella sezione precedente, "Ricorda i Benefici", hai guardato indietro nel tempo per ricordarti di come lo Spirito Santo ha influito sulla tua azienda in passato.

La sezione "Tieni un Registro" si concentra sul futuro. Ecco come ho iniziato a tenere traccia dei benefici che derivano dal liberare l'azione dello Spirito Santo nella mia attività.

Il Mio Sistema a Tre Diari

Il mio sistema di registrazione si basa su tre diari cartacei con copertina in pelle, formato 5x8 pollici, a righe: un diario aziendale, un diario spirituale e un diario per gli appunti dei sermoni.

Il mio diario aziendale, di colore marrone, comprende un'area aperta per gli appunti di lavoro in generale e sezioni per i miei clienti, per le idee di libri e blog e per segnare i progressi della mia attività.

Il mio diario nero è il mio diario di crescita spirituale personale, in cui annoto le intuizioni quotidiane dello Spirito Santo, gli appunti di studio della Bibbia e i sermoni della mia chiesa.

Il mio terzo diario, anch'esso nero, è dedicato esclusivamente agli appunti presi ascoltando i podcast dei sermoni di grandi insegnanti biblici e pastori che ammiro e da cui imparo. Questi appunti mi forniscono un elenco fresco di cose che lo Spirito Santo mi sta insegnando attraverso i ministeri di altri.

Per me questo sistema funziona. Quando lavoro, tengo a portata di mano il mio diario aziendale marrone. Quando partecipo alle funzioni religiose, prendo il mio diario spirituale personale. Quando ascolto i podcast o guardo i sermoni in TV o su Internet, prendo appunti nel diario dei sermoni.

Settimanalmente rivedo questi diari, evidenziando in giallo le rivelazioni più importanti, le parole profetiche, le intuizioni, le idee e tutto ciò che lo Spirito Santo mi spinge a ricordare.

Uno dei miei momenti preferiti è rileggere solo le parti evidenziate. Per me, è qui che risiede il vero potere del mio sistema. È un resoconto ordinato di come lo Spirito Santo mi sta guidando in molte aree della mia vita. Mi aiuta anche a ricordare i ricordare i benefici di questo cammino.

In definitiva, tutti questi diari e appunti mi edificano e mi esortano a raggiungere livelli più elevati di impatto dello Spirito Santo attraverso la mia attività.

Gli appunti delle predicazioni spesso si collegano a concetti aziendali che il Signore mi guida a condividere.

Le rivelazioni della mia preghiera e dei miei studi biblici elevano il mio spirito a un livello superiore di connessione e di intuizione.

Il diario aziendale mi aiuta ad allineare il mio spirito con il Suo Spirito e a raggiungere gli obiettivi che Lui desidera che io raggiunga.

Questo sistema di tre diari può essere eccessivo per te, ma per me funziona.

Ecco un'Ottima Idea

Perché non chiedere allo Spirito Santo quale sia il sistema di registrazione migliore per te? (Chiave #1: Pratica!) Lui lo sa già!

Qualunque metodo sceglierai, inizia e basta. Con il tempo, affinerai un sistema che sia efficace, sostenibile e che ti incoraggi a rimanere sulla giusta strada.

Questo è il punto. Inizia e non fermarti!

Nel farlo, ti guarderai indietro e vedrai quante volte lo Spirito Santo ha influenzato le tue iniziative imprenditoriali, le tue persone, i tuoi clienti e molto altro ancora.

Poi, continuerai ad andare avanti, ancora avanti, sempre avanti e...

6.3. Non Tutto Ciò Che è Spirituale Viene Da Dio

> *Quei tali sono falsi apostoli, operai fraudolenti che si travestono da apostoli di Cristo. Non c'è da meravigliarsene, perché anche Satana si traveste da angelo di luce.*
>
> —2 Corinzi 11,13-14

Lo Spirito Santo mi ha portato a includere questa nota di avvertimento: non tutto ciò che è spirituale viene da Dio.

Il nostro nemico è il padre della menzogna e in lui non c'è alcuna verità (Giovanni 8,44-45). Quando ti impegni a liberare la potenza dello Spirito Santo negli affari, Satana farà di tutto per fermarti, rallentarti, scoraggiarti e persino distruggerti.

Ecco tre modi per tenere il nemico alla larga.

1. Studiare la Verità

Negli Stati Uniti, i professionisti della finanza imparano a riconoscere una banconota falsa non studiando i falsi, ma analizzando in modo approfondito le banconote autentiche. Perché concentrarsi solo su quelle vere? Perché quando vedono una qualsiasi deviazione da ciò che sanno essere la verità (banconota vera), riescono immediatamente a riconoscere il falso (contraffazione) e l'inganno è smascherato.

Studia la Parola di Dio. Più conoscerai la Sua verità, più sarà facile discernere le menzogne e le trappole del nemico che cercano di infiltrarsi nella tua azienda.

2. Non Concentrarsi Solo sul Soprannaturale

È facile per noi entusiasmarci nel vedere la potenza soprannaturale di Dio all'opera negli affari o nella nostra vita. In effetti, lo Spirito

Santo si muove spesso in modo soprannaturale. Tuttavia, ti invito a non concentrarti solo su una manifestazione soprannaturale dello Spirito Santo al lavoro.

Lo Spirito Santo può manifestarsi in modi soprannaturali nel tuo luogo di lavoro? Segni e prodigi? Guarigioni? Favori finanziari soprannaturali? Certo, può farlo.

Ma il più delle volte, nella mia esperienza di lavoro, lo Spirito Santo opera in modi spirituali più sottili. Ad esempio, potresti notare un cuore più aperto, meno tensioni interpersonali, un miglior spirito di squadra, più grazia, amore e gentilezza, dipendenti più felici e persino più sorrisi in ufficio.

È facile, quando si impara a conoscere la potenza dello Spirito Santo, rimanere intrappolati nel cercare solo il *soprannaturale* (ad esempio, una guarigione fisica, una liberazione spirituale dall'oppressione nemica, ecc.)

Come dice un pastore: "Non rifiutare ciò che è spirituale solo perché non è soprannaturale." Tieni gli occhi, le orecchie e il cuore aperti anche per i più sottili movimenti dello Spirito Santo, perché sono molto più frequenti di quanto possiamo immaginare.

3. È in Linea con la Parola di Dio?

> *Sforzati di presentarti davanti a Dio come un uomo degno di approvazione, un lavoratore che non ha di che vergognarsi, uno scrupoloso dispensatore della parola della verità.*
>
> —2 Timoteo 2,15

Verifica ogni cosa spirituale che percepisci sul posto di lavoro con la Parola di Dio e la testimonianza dello Spirito Santo.

Se ciò che vedi e percepisci è in linea con la Parola e hai un testimone, allora è lo Spirito Santo che sta operando.

Se ciò che vedi e percepisci non è in linea con la Parola e non hai testimoni, allora proviene dalla carne o dal nemico.

Man mano che affinerai la tua sensibilità spirituale alle vie e all'operato dello Spirito Santo nel tuo ambiente di lavoro, imparerai a distinguere rapidamente le Sue vie da quelle del nemico.

6.4. Continua a Farti Guidare

> *Un uomo saggio ascolterà e crescerà in conoscenza, e un uomo intelligente acquisterà abilità nel guidare gli altri.*
>
> —Proverbi 1,5

Ecco il mio sincero incoraggiamento a lavorare con un consulente aziendale, un mentore o un gruppo di alleanza guidato dallo Spirito.

Ognuno di questi tre già un grande aiuto.

Lavorare con tutti e tre sarebbe fenomenale!

Una delle cose più tristi che ho imparato nei miei molti anni di consulenza aziendale guidata dallo Spirito è che pochi, pochissimi dirigenti aziendali sono disposti a farsi affiancare da un coach. Sono troppo orgogliosi, troppo "impegnati" o troppo timorosi di essere chiamati a rendere conto delle loro azioni.

Tuttavia, coloro che si rivolgono a consulenti aziendali esperti, guidati dallo Spirito, con un atteggiamento umile e disposto ad apprendere, crescono molto più velocemente sia a livello personale che aziendale rispetto a coloro che non sono aperti a farsi guidare.

Per decenni, anch'io mi sono lasciato affiancare da molti professionisti, coach, mentori e gruppi di responsabilità guidati dallo Spirito. In ogni caso, mi hanno esortato, incoraggiato e spinto a essere un ambasciatore di Cristo più audace, profetico e d'impatto sul lavoro.

Metto in pratica ciò che predico.

E prego che lo faccia anche tu.

Il Mio Metodo in Tre Passi Per Rimanere Responsabile

E disse loro: "Chi ha orecchi per udire, oda."

—Marco 4,9

Voglio condividere con te una delle mie formule di coaching più potenti e allo stesso tempo semplici, qualcosa di così elementare che molti professionisti la sottovalutano.

Eppure, coloro che adottano questo modello in 3 fasi hanno sperimentato risultati aziendali trasformativi in soli 90 giorni.

Dopo aver definito gli obiettivi specifici da raggiungere nei successivi 90 giorni, sfido questi imprenditori a rispondere a queste tre semplici domande:

- Cosa devi INIZIARE a fare per raggiungere gli obiettivi?
- Cosa devi SMETTERE di fare per raggiungere gli obiettivi?
- Cosa devi CONTINUARE a fare per raggiungere gli obiettivi?

Iniziare.
Smettere.
Continuare.

A questo punto, il mio ruolo di consulente si trasforma in un partner responsabile, che monitora i progressi, apporta eventuali aggiustamenti e aiuta a rimanere focalizzati fino al raggiungimento degli obiettivi.

Prova anche tu.

Di seguito, scrivi 2-3 cose che devi *iniziare, smettere* o *continuare a* fare per liberare il tuo vantaggio competitivo ingiusto sul lavoro.

Cosa devo INIZIARE a fare?

1.

2.

3.

Cosa devo SMETTERE di fare?

1.

2.

3.

Cosa devo CONTINUARE a fare?

1.

2.

3.

Condividi il tuo elenco con un altro credente imprenditore (un altro 2%er). Chiedi a questa persona di creare la propria lista. Poi lavorate insieme come partner responsabili, incoraggiandovi a vicenda, facendo aggiustamenti, ponendo domande, celebrando i successi e molto altro ancora.

Meglio ancora, cerca un consulente a pagamento, guidato dallo Spirito, che possa offrirti servizi di coaching professionale. Infatti, investire economicamente in un mentore aumenta significativamente la probabilità di mantenere gli impegni e seguire i suoi consigli.

6.5. Ciò Che Conta è L'Impatto

> *"Andate dunque e fate discepoli di tutti i popoli, battezzandoli nel nome del Padre e del Figlio e dello Spirito Santo, insegnando loro a osservare tutto ciò che vi ho comandato; ed ecco, io sono con voi tutti i giorni, fino alla fine del mondo."* Amen.
>
> —Matteo 28,19-20

Alla fine, ciò che conta è portare le nazioni a Cristo. Il valore del nostro lavoro sulla terra sarà misurato dall'impatto che avremo avuto nel portare il Vangelo a questo mondo perduto.

> E, ritrovandosi assieme a loro, comandò loro che non si allontanassero da Gerusalemme, ma che aspettassero la promessa del Padre, "che", disse, "avete udito da me; perché Giovanni battezzò con acqua, ma voi sarete battezzati con lo Spirito Santo, fra non molti giorni." (Atti 1,4-5)

Tu ed io abbiamo questa promessa che vive dentro di noi. È una promessa che ora puoi imparare a liberare nel tuo ambiente di lavoro per generare quell'impatto eterno che tutti desideriamo, cioè sentire...

> Bene, servo buono e fedele, gli disse il suo padrone, sei stato fedele nel poco, ti darò autorità su molto; prendi parte alla gioia del tuo Signore. (Matteo 25,21)

Continua Così

Prego che questo libro ti abbia aiutato a fare un passo avanti verso il raggiungimento del tuo impatto eterno, scatenando la potenza dello Spirito Santo nella tua azienda.

Discussione di Gruppo

Condividi la tua lista dei "Dieci Principali Benefici" derivanti dal liberare la potenza dello Spirito Santo nella tua azienda. Quali benefici ti sono stati utili dagli elenchi degli altri membri del gruppo?

Qual è il tuo attuale piano per "Tenere un Registro"? In che modo questo gruppo può aiutarti a rimanere responsabile e costante nell'usarlo?

Condividi i tuo elenchi "Iniziare, Smettere, Continuare". Condividi il tuo elenco con un partner di responsabilità e create insieme un sistema o una programmazione di responsabilità per i prossimi 30 giorni.

In che modo un coach aziendale o spirituale potrebbe migliorare il tuo cammino con lo Spirito Santo?

Come intendi mantenere attivo tutto ciò che hai Imparato nel tuo nuovo cammino spirituale e professionale?

LA RISPOSTA A 1001 DOMANDE

La risposta a 1001 domande è ... ESSERE GUIDATI!
—Pastor Keith Moore

Versetti Chiave

Ecco alcuni versetti chiave che devi leggere e memorizzare per aiutarti a liberare il tuo vantaggio competitivo ingiusto negli affari. Tienili sempre a portata di mano. Custodisci queste parole nel profondo del tuo cuore.

Infatti, tutti quelli che sono guidati dallo Spirito di Dio sono figli di Dio.

—Romani 8,14

Lo Spirito Stesso rende testimonianza al nostro spirito che siamo figli di Dio.

—Romani 8,16

E io pregherò il Padre, ed Egli vi darà un altro Consolatore perché sia con voi per sempre: lo Spirito della verità, che il mondo non può ricevere, perché non lo vede e non lo conosce. Voi lo conoscete, perché dimora con voi, e sarà in voi.

—Giovanni 14,16-17

Quando però sarà venuto Lui, lo Spirito della verità, Egli vi guiderà in tutta la verità; perché non parlerà di Suo, ma dirà tutto quello che avrà udito, e Lui vi annuncerà le cose a venire.

—Giovanni 16,13

Ma il Mio servo Caleb, poiché ha in sé uno spirito diverso e Mi ha seguito fedelmente, lo farò entrare nel paese dove è andato, e la sua discendenza lo possederà.

—Numeri 14,24

Confida nel Signore con tutto il tuo cuore e non appoggiarti sul tuo discernimento; riconoscilo in tutte le tue vie, ed Egli appianerà i tuoi sentieri.

—Proverbi 3,5-6

Siate sempre gioiosi, non cessate mai di pregare, in ogni cosa rendete grazie, perché questa è la volontà di Dio in Cristo Gesù verso di voi. Non spegnete lo Spirito.

—1 Tessalonicesi 5,16-19

Ma nulla di tutto questo mi smuove, né tengo alla mia vita come se mi fosse preziosa, purché io compia con gioia la mia corsa e il ministero che ho ricevuto dal Signore Gesù, per rendere testimonianza al vangelo della grazia di Dio.

—Atti 20,24

Non amate il mondo né le cose che sono nel mondo. Se uno ama il mondo, l'amore del Padre non è in lui. Perché tutto ciò che è nel mondo, la concupiscenza della carne, la concupiscenza degli occhi e la superbia della vita, non viene dal Padre, ma dal mondo.

—1 Giovanni 2,15-16

Il guardiano gli apre e le pecore ascoltano la sua voce: egli chiama le sue pecore una per una e le conduce fuori. 4 E quando ha condotto fuori tutte le sue pecore, cammina in-nanzi a loro, e le pecore lo seguono, perché conoscono la sua voce.

—Giovanni 10,3-4

Ma come sta scritto: "Le cose che occhio non ha visto, che orecchio non ha udito e che non sono salite in cuor d'uomo, sono quelle che Dio ha preparato per coloro che lo amano." Ma Dio le ha rivelate a noi mediante il suo Spirito, perché lo Spirito investiga ogni cosa, anche le profondità di Dio. Chi tra gli uomini, infatti, conosce le cose dell'uomo se non lo spirito dell'uomo che è in lui? Così pure nessuno conosce le cose di Dio se non lo Spirito di Dio.

—1 Corinzi 2,9-11

Ora noi non abbiamo ricevuto lo spirito del mondo, ma lo Spirito che viene da Dio, affinché conosciamo le cose che Dio ci ha donate gratuitamente.

—1 Corinzi 2,12

Non conformatevi a questo mondo, ma siate trasformati mediante il rinnovamento della vostra mente, affinché cono-sciate per esperienza quale sia la volontà di Dio, la buona, gradita e perfetta volontà.

—Romani 12,2

IL NOSTRO VANTAGGIO INGIUSTO

Qualunque cosa facciate, fatela di cuore, come per il Signore e non per gli uomini, sapendo che dal Signore riceverete la ricompensa dell'eredità; poiché voi servite Cristo, il Signore.

—Colossesi 3,23-24

Infatti, è parso bene allo Spirito Santo e a noi di non impor-vi altro peso all'infuori di queste cose, che sono necessarie.

—Atti 15,28

Chiedete e vi sarà dato; cercate e troverete; bussate e vi sarà aperto.

—Matteo 7,7

Non rattristate lo Spirito Santo di Dio con il quale siete sta-ti suggellati per il giorno della redenzione.

—Efesini 4,30

Sua madre disse ai servitori: "Fate tutto quel che vi dirà."

—Giovanni 2,5

Iabes invocò il Dio d'Israele, dicendo: "Benedicimi, ti pre-go; allarga i miei confini; sia la tua mano con me e preservami dal male in modo che io non debba soffrire!" E Dio gli concesse quanto aveva chiesto.

—1 Cronache 4,10

Versetti Chiave

Non ci scoraggiamo di fare il bene; perché, se non ci stan-chiamo, mieteremo a suo tempo.

—Galati 6,9

Un Invito

Ora che hai letto il ***Nostro Vantaggio Ingiusto***, una verità che dovrebbe esplodere nel tuo cuore, in questo momento, è la bontà di Dio: quanto si preoccupa dei dettagli della tua vita e il suo desiderio di far prosperare radicalmente tutto ciò che fai. Non importa quale montagna di influenza ti abbia designato a scalare, Egli vuole essere con te come Protettore, Guida, Insegnante, Amico e Padre. Perché? Perché Lui ti ama e ha un piano meraviglioso per la tua vita.

Allora, qual è l'invito? Voglio invitarti a una relazione personale con Dio attraverso Suo Figlio, Gesù Cristo.

Anche se questo libro è stato scritto per coloro che hanno già una relazione con Gesù, forse ti ritrovi a leggerlo e non hai una relazione con Gesù. Conosci Dio, ma non hai mai sentito il Suo amore per te o conosci il Suo piano per la tua vita.

Tutto ciò che Dio ha da offrirti è disponibile attraverso una relazione con Gesù. Lo sappiamo dalla Bibbia in Giovanni 3,16: "Poiché Dio ha tanto amato il mondo, che ha dato il suo unigenito Figlio, affinché chiunque crede in lui non perisca, ma abbia vita eterna."

Il piano di Dio è che tu possa vivere la Sua vita in abbondanza. Gesù l'ha chiarito quando ha detto ai suoi seguaci: "Io sono venuto perché abbiano la vita e l'abbiano in abbondanza" (Giovanni 10,10).

Forse stai pensando: "Ma io non sto sperimentando nulla che assomigli alla vita abbondante... almeno non interiormente." Questo perché "tutti [noi] hanno peccato e sono privi della gloria di Dio" (Romani 3,23). Siamo stati creati per avere un rapporto con Dio, per conoscere la Sua vita e il Suo amore, ma la nostra mancanza di perdono, l'amarezza, la ribellione o l'indifferenza sono ciò che Dio chiama peccato e ci separano da Lui come ci separano dalle altre persone nella nostra vita.

La Bibbia dice che il nostro peccato merita la pena di morte, ma la Buona Notizia è che Gesù ha pagato quella pena per noi, per te! "Dio invece mostra la grandezza del proprio amore per noi in questo: che, mentre eravamo ancora peccatori, Cristo è morto per noi" (Romani 5,8). La Bibbia dichiara che Gesù è morto su una croce romana, è stato sepolto in una tomba e poi è risorto tre giorni dopo. Così facendo, non solo ha pagato il prezzo del nostro peccato, ma ha sconfitto la morte. Per questo ha potuto dire ai Suoi seguaci: "Io sono la via, la verità e la vita. Nessuno viene al Padre se non per mezzo di Me" (Giovanni 14,6).

Più di ogni altra cosa, proprio come un buon padre ama stare vicino ai suoi figli, il tuo Padre celeste desidera un rapporto intimo con te. Se non hai mai sperimentato l'amore di Dio, puoi farlo proprio ora! Se crederai in Gesù Cristo, che è morto ed è risorto per salvarti dal tuo peccato, sarai salvato. Infatti, Gesù ha detto che sarai "nato di nuovo", il che significa che nasci in una nuova famiglia come figlio di Dio. Giovanni 1,12 dice: "A tutti quelli che lo hanno accolto [parlando di Gesù], Egli ha dato il diritto di diventare figli di Dio, a quelli cioè che credono nel Suo nome."

Se vuoi ricevere la vita di Gesù dentro di te e "rinascere" come figlio di Dio, è semplice. Dio sa dove ti trovi e non è interessato alle tue parole quanto al tuo cuore. Puoi invocarlo con le tue parole e Lui ti ascolterà.

Se hai bisogno di aiuto, ecco una semplice preghiera che può guidarti:

> Gesù, ho bisogno di Te. Credo che Tu sia morto sulla croce per i miei peccati. Apro il mio cuore e ti ricevo come mio Salvatore e Signore. Grazie per aver perdonato i miei peccati e per avermi dato la vita eterna. Ti consegno il controllo della mia vita. Vieni, siediti sul trono del mio cuore e fai ciò che vuoi della

mia vita. Trasformami nella persona che Tu vuoi che io sia.

Se hai creduto in Gesù Cristo e lo hai invitato a essere il tuo Salvatore e Signore, allora sei entrato in una nuova ed entusiasmante relazione con Dio! Vogliamo gioire insieme a te. Per favore, scrivici un'e-mail all'indirizzo hello@DrJimHarris.com così potremo celebrare con te la tua nuova vita!

—**Ben Watts**, pastore e insegnante apostolico

Informazioni sul Dott. Jim Harris

Dott. Jim è un insegnante, conduttore TV, e consulente guidato dallo Spirito per leader di aziende, governi, e ministeri in tutto il mondo.

Prima di scrivere *il Nostro Vantaggio Ingiusto*, il Dott. Jim ha offerto la sua consulenza ad alcune delle aziende meglio gestite al mondo, tra cui Walmart, IBM, Best Buy, State Farm (USA e Canada), Johnson & Johnson, Ford Motors, Outakumpa Oy (Finlandia), Nature's Way Foods (Regno Unito), e molte altre.

Oggi il Dott. Jim conduce *il programma Il Vantaggio Ingiusto*, dove, attraverso casi di studio, interviste e insegnamenti profondi, puoi imparare come liberare la piena potenza dello Spirito Santo all'interno della tua azienda. Puoi guardare o ascoltare il programma su JCCEOS.TV, sui suoi canali media o sulle principali piattaforme di podcast.

La passione principale del Dott. Jim è quella di insegnare ai dirigenti d'azienda come integrare le rivelazioni del Regno nelle loro aziende, così da ottenere un incremento di 30, 60 e persino 100 volte nella loro attività, destinando tutto al finanziamento della raccolta di anime degli ultimi tempi per Gesù.

Contatta e segui il Dott. Jim:

- E-mail: Hello@DrJimHarris.com
- Web: www.DrJimHarris.com
- LinkedIn: www.linkedin.com/in/drjimharris
- YouTube: @drjimharris
- Twitter/X: @drjimharris

- Facebook: @drjimharris
- Instagram: @drjimharris

Per acquistare copie del libro *Il Nostro Vantaggio Ingiusto* in grandi quantità, contatta High Bridge Books tramite:

- www.HighBridgeBooks.com/contact.

www.ingramcontent.com/pod-product-compliance
Lightning Source LLC
Chambersburg PA
CBHW022108090426
42743CB00008B/756